ATLAS DER

TIERWELT

Text von Barbara Taylor

Illustrationen von Kenneth Lilly

DK

Dorling Kindersley

DK

London, New York, Melbourne,
München und Delhi

Redaktion Mariza O'Keeffe
Gestaltung Adrienne Hutchinson
DTP-Design Andrew O'Brien, Leigh Warren
Cheflektorat Camilla Hallinan
Chefbildlektorat Sophia M. Tampakopoulos
Lektoratsleitung Sue Grabham
Herstellung Silvia la Greca Bertacchi

Fachberatung Michael Chinery, Keith Lye

Bibliografische Information Der Deutschen Bibliothek
Die Deutsche Bibliothek verzeichnet diese Publikation in der
Deutschen Nationalbibliografie;
detaillierte bibliografische Daten sind im Internet
über http://dnb.ddb.de abrufbar.

Titel der englischen Originalausgabe:
Discovery Atlas: Animals

Übersetzung Cornelia Panzacchi

ISBN 3-8310-0525-7

Printed and bound in Hong Kong by Toppan

Besuchen Sie uns im Internet
www.dk.com

INHALT

SO FUNKTIONIERT DAS BUCH

JEDE DOPPELSEITE in diesem Tieratlas befasst sich mit einem besonderen Lebensraum (die Landschaftsform, in der ein Tier lebt). Die unten abgebildete Doppelseite z. B. behandelt europäische Nadelwälder. Die Lebensräume sind nach Kontinenten geordnet und für jeden Kontinent gibt es einen eigenen Abschnitt: Nord- und Südamerika, Europa, Afrika, Asien, Australien und Ozeanien sowie die Antarktis. Ganz oben rechts und links auf den Seiten ist der jeweilige Kontinent angegeben. Hier unten werden die Karten, Symbole und Abkürzungen erklärt.

Wo auf der Welt?

Auf der Weltkugel ist der auf der Doppelseite vorgestellte Lebensraum farbig markiert. Hier ist z. B. das von europäischen Nadelwäldern bedeckte Gebiet rot eingezeichnet.

Tierbilder

Die Tierbilder auf der Karte zeigen die wichtigsten Verbreitungsgebiete der jeweiligen Art. Manche Tiere sind in dem betreffenden Gebiet weit verbreitet. Jede auf der Doppelseite vorgestellte Art ist auf der Karte eingetragen.

Tierquiz

Auf vielen Seiten ist ein Kasten mit Quizfragen zu den Tieren dieses Lebensraums.

Maßstab der Karte

Der Maßstab hilft, sich die Größe der dargestellten Regionen vorzustellen. Die Karten dieses Buchs wurden in unterschiedlichen Maßstäben gezeichnet.

Karte

Die Karte zeigt die geografische Lage der auf der Doppelseite behandelten Lebensräume und der sie umgebenden Gebiete. Diese Karte stellt jenen Teil Europas dar, der von Nadelwäldern bedeckt ist, sowie dessen Umgebung. Außerdem zeigt die Karte wichtige Landschaftsmerkmale sowie die Lebensräume der Tiere.

Fotos

Die Fotos auf den Karten zeigen, wie die einzelnen Lebensräume aussehen und welche Pflanzenarten dort wachsen.

VERWENDETE ABKÜRZUNGEN			
mm	Millimeter	kg	Kilogramm
cm	Zentimeter	°C	Grad Celsius
m	Meter	Mio.	Million
km	Kilometer		
km²	Quadratkilometer		
km/h	Kilometer in der Stunde		

TIERGRUPPEN

ÜBER EINE MILLION verschiedener Tierarten wurden bisher entdeckt, aber vermutlich gibt es noch dreimal so viele, die wir nicht kennen. Alle Tiere haben mehrere gemeinsame Merkmale. Sie bewegen sich, atmen, wachsen und bekommen Junge. Um sie leichter erforschen zu können, teilen Zoologen sie in Gruppen ein. Hier die wichtigsten Gruppen:

Monarchfalter

WIRBELLOSE

Wirbellose (Tiere ohne Wirbelsäule) entwickelten sich als erste Tiere vor 600 bis 1000 Mio. Jahren auf der Erde. Heute gibt es von ihnen Hunderttausende von Arten, darunter Korallen, Quallen, Krebse und Insekten.

Der Seestern ist ein im Wasser lebendes wirbelloses Tier.

Merkmale der Wirbellosen:

- *Sie haben keine Wirbelsäule.*

Vogelspinne

Falterfisch

FISCHE

Fische entwickelten sich als erste Gruppe der Wirbeltiere (Tiere mit Wirbelsäule) vor ungefähr 500 Mio. Jahren.

Merkmale der Fische:

- *An das Leben im Wasser angepasst*
- *Sie nehmen durch Kiemen Sauerstoff auf (einige wenige haben Lungen).*
- *Flossen erleichtern das Schwimmen.*
- *Mit Schuppen bedeckte Haut*

Fische haben Flossen anstelle von Beinen und Armen.

Blauhai

Japanischer Riesensalamander

AMPHIBIEN

Amphibien entwickelten sich vor über 350 Mio. Jahren aus den Fischen. Heute gibt es etwa 3000 Arten, darunter Frösche, Kröten und Lurche.

Merkmale der Amphibien:

- *Sie leben an Land, legen Eier im Wasser ab.*
- *Drei Lebensstadien: Ei, Larve, erwachsenes Tier*
- *Wechselwarm* • *Glatte Haut*

Aus Kaulquappen werden Fische.

Grünkröte

Halsbandleguan

REPTILIEN

Reptilien entwickelten sich vor etwa 300 Mio. Jahren aus den Amphibien. Heute gibt es etwa 6100 Arten, darunter Eidechsen, Schlangen und Schildkröten. Die Saurier waren Reptilien.

Merkmale der Reptilien:

- *Wechselwarm*
- *Von Schuppen bedeckte Haut*
- *Die meisten leben an Land und legen hier auch ihre Eier ab.*
- *Lungenatmung*

Texas-Klapperschlange

Das Schildkrötenweibchen legt seine Eier in den Sand.

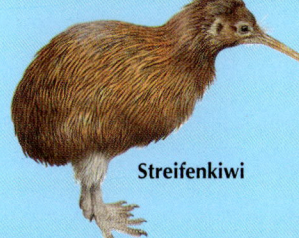

Streifenkiwi

VÖGEL

Vögel entwickelten sich vor etwa 140 Mio. Jahren. Es gibt heute ugefähr 9000 Arten, darunter Papageien, Kiwis, Pinguine, Adler und Eulen. Die meisten Vögel können fliegen.

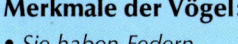

Merkmale der Vögel:

- *Sie haben Federn.*
- *Sie atmen mit Lungen.*
- *Ihre Körpertemperatur bleibt gleich.*
- *Sie legen hartschalige Eier.*

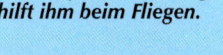

Der Körperbau des Vogels hilft ihm beim Fliegen.

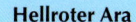

Hellroter Ara

Sibirischer Tiger

SÄUGETIERE

Säugetiere entwickelten sich vor etwa 200 Mio. Jahren im Zeitalter der Dinosaurier aus den Reptilien. Heute gibt es über 4000 Arten, darunter Kängurus, Ratten, Katzen, Elefanten, Wale, Fledermäuse, Affen und Menschen.

Merkmale der Säugetiere:

- *Körper mit Fell oder Haaren bedeckt*
- *Gleich bleibende Körpertemperatur*
- *Intelligent mit großem Gehirn*
- *Sie atmen mit Lungen.*
- *Die Mütter säugen die Jungen*

Weibliche Säugetiere erzeugen mit Drüsen Milch.

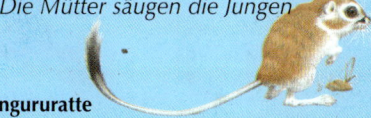

Kängururatte

LEBENSRÄUME

TIERE LEBEN ÜBERALL AUF DER WELT, im Eis der Arktis ebenso wie in der heißen Wüste. Die Umgebung, in der ein Tier lebt, bezeichnet man als seinen Lebensraum. In einem Lebensraum können viele verschiedene Arten leben, weil sie unterschiedliche Nahrung fressen oder weil sie sich für ihre Unterschlupfe, Baue und Nester unterschiedliche Orte suchen. Die Tierwelt eines Lebensraums ist eine aufeinander abgestimmte Auswahl von Arten und das Gleichgewicht, in dem sie leben, kann leicht gestört werden. Diese Karte zeigt die wichtigsten Typen von Lebensräumen. Tiere passten sich an ihre Lebensräume an, indem sie auf sie abgestimmte Eigenschaften entwickelten. An verschiedenen Orten der Welt findet man ähnliche Lebensräume und die hier lebenden Tiere passten sich auf ähnliche Weise an.

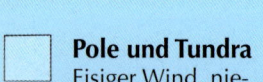

Pole und Tundra
Eisiger Wind, niedrige Temperaturen und lange dunkle Winter machen Arktis und Antarktis zu unwirtlichen Lebensräumen. Trotzdem leben hier viele Tiere, besonders in den Meeren oder auf der Tundra, dem gefrorenen Land der Arktis.

Nadelwälder
Die größten Wälder der Welt bedecken den nördlichen Teil Nordamerikas, Europas und Asiens. Dieses Gebiet nennt man Taiga. Die meisten Bäume sind Nadelbäume wie Fichten, die ihre schmalen Blätter das ganze Jahr über behalten.

Laubwälder
Laubwälder wachsen südlich der Nadelwälder, wo es viel regnet und das Klima mild ist. Die Laubbäume, z.B. Eichen und Buchen, verlieren ihr Laub im Herbst und machen in den kalten Wintermonaten eine Ruhephase (Wachstumspause) durch.

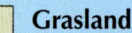

Grasland
Grasland entsteht dort, wo es für größere Ansammlungen von Bäumen zu trocken ist. Gras befestigt den Boden und ernährt viele Arten. Das tropische Grasland Afrikas nennt man Savanne. Die Pampa in Südamerika ist ein Grasland kühlerer Zonen.

Buschland
Trockene, staubige Landschaften, in denen vereinzelt Sträucher und kleine Bäume wachsen, findet man am Mittelmeer (Macchia), in Teilen Australiens und in den USA. Die meisten Niederschläge fallen im Winter und die Tiere mussten sich an die langen heißen Sommer anpassen.

N O R D - A M E R I K A

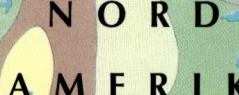

Laubwälder bedeckten einst große Teile Nordamerikas und Europas.

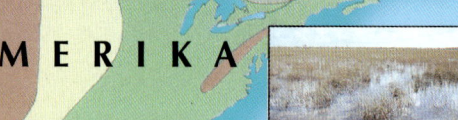

Die Everglades in Nordamerika sind ein riesiges Sumpfgebiet.

In der trockenen Region rund um das Mittelmeer wachsen kleinere Sträucher.

PAZIFIK

ATLANTIK

S Ü D - A M E R I K A

Die Pampa ist eine weitläufige Graslandfläche in Südamerika.

A N T A R

Wüsten	**Regenwälder**	**Marschland und Sümpfe**	**Gebirge**

Wüsten

In Wüsten regnet es kaum, sodass die Tiere lange Zeit ohne Wasser auskommen oder das benötigte Wasser aus ihrer Nahrung beziehen müssen. Am Tag ist es sehr heiß und nachts eisig kalt. Viele Tiere kommen nur im Morgengrauen und nachts aus ihren Verstecken.

Regenwälder

Regenwälder wachsen in der Nähe des Äquators. Hier ist das Klima das ganze Jahr über warm und feucht. Die meisten Bäume dieser Wälder behalten das ganze Jahr über ihr Laub. Über 50% aller Tier- und Planzenarten der Welt sind in Regenwäldern heimisch.

Marschland und Sümpfe

Marschland entsteht in der Nähe von Seen, Flüssen und Küsten, während Mangrovenwälder oft tropische Küsten säumen. Beide Typen von Lebensräumen bieten Tieren reichlich Nahrung und viele Verstecke, sodass hier eine artenreiche Tierwelt lebt.

Gebirge

Gebirge gibt es sowohl in warmen als auch in kalten Regionen der Welt. Sie bieten Tieren eine Vielzahl von Lebensräumen, von Wäldern im unteren Bereich der Hänge bis hin zu Grasland und Tundra in höheren Lagen. Je höher man steigt, desto kühler wird es. Oberhalb der so genannten Baumgrenze ist es für Bäume zu kalt. Weiter oben liegt die Schneegrenze. Oberhalb von ihr ist es so kalt, dass der Boden ständig von Eis und Schnee bedeckt ist.

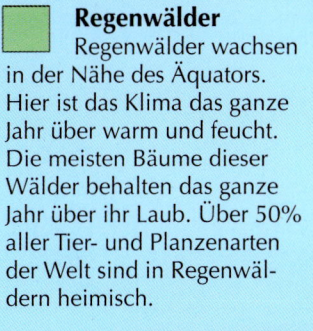

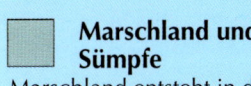

Der größte Wald der Welt erstreckt sich über Nordasien.

EUROPA

ASIEN

MITTELMEER

Das Große Barriereriff liegt vor der Küste Nordostaustraliens.

AFRIKA

PAZIFIK

Der Kilimandscharo in Afrika ist so hoch, dass sein Gipfel ständig schneebedeckt ist.

In Regenwäldern wachsen tropische Pflanzen. Hier leben sehr viele verschiedene Arten.

INDI-SCHER OZEAN

AUSTRALIEN

Das Zentrum Australiens ist von felsigen Wüsten bedeckt.

Korallenriffe

Korallenriffe bestehen aus den Skeletten winziger Tierchen, der Korallenpolypen. Im Laufe von Millionen von Jahren entstehen aus ihnen Riffe. Riffe können sich nur in warmen, seichten Gewässern bilden. An ihnen leben viele verschiedene Fische und andere Tierarten.

Eine dicke Eiskappe bedeckt die Antarktis.

K   T   I   S

DIE ARKTIS

EINES DER KÄLTESTEN Gebiete der Welt ist die Arktisregion. Sie besteht aus den nördlichsten Teilen Nordamerikas, Europas und Asiens sowie den gefrorenen Meeresteilen rund um den Nordpol. Während des kurzen Sommers ist es 24 Stunden am Tag hell. Licht und Wärme fördern das Wachstum winziger Meerestiere, die man Plankton nennt und die von Fischen, Walen, Robben und Vögeln gefressen werden. An Land blühen Blumen, die Insekten Nahrung bieten. Wenn es Winter wird, wandern einige Tierarten in wärmere Zonen ab.

Speisekammer

Im Sommer sammelt der Polarfuchs Futter wie tote Vögel und Eier und versteckt sie unter Felsen. Im kalten Klima bleiben diese Dinge frisch wie in einem Kühlschrank. Der Fuchs frisst seine Vorräte in den Wintermonaten, wenn er kaum frische Nahrung findet.

POLARFUCHS

Schnurrbart

Bartrobben leben in den Meeren rund um die Polkappe. Mit ihren empfindlichen Schnurrhaaren ertasten sie am Meeresboden Muscheln.

BARTROBBE

Schmarotzer

Dasselfliegen legen ihre Eier im Fell der Rentiere ab. Nach dem Schlüpfen bohren sich die Maden durch die Haut und leben im Fleisch. Später fallen sie zu Boden und werden zu Fliegen.

RENTIER-DASSELFLIEGE

EISBÄR

KLAPP-MÜTZE

Robbe mit Ballonnase

Die männliche Klappmütze hat am Ende der Nase einen ballonartigen Auswuchs. In der Paarungszeit bläst sie Luft in den „Ballon", der dann bis zu 30 cm lang wird und als Verstärker für die Rufe wirkt, mit denen das Klappmützenmännchen andere Männchen verjagt.

Mächtige Tatzen

Ein Eisbär kann so viel wie zehn Menschen wiegen. Eisbären fressen überwiegend Robben und fangen sie oft bei ihren Atemlöchern in der Eisdecke. Ein Tatzenhieb genügt, um eine Robbe zu töten.

Längstes Fell

Der Moschusochse hat von allen Säugetieren das längste Fell. Die Haare seines Deckhaars sind fast 1 m lang.

MOSCHUSOCHSE

Arktisches Einhorn

Der Narwal ist ein Säugetier und mit Walen und Delfinen verwandt. Er hat nur zwei Zähne. Beim Männchen wird aus einem Zahn ein langer spiraliger Stoßzahn, der durch ein Loch in der Oberlippe ragt. Die Männchen kämpfen mit diesen Stoßzähnen gegeneinander.

NARWAL

Weltreisende
Die Küstenseeschwalbe zieht ihre Jungen im Sommer in der Arktis auf. Anschließend fliegt sie 13 000 km weit in die Antarktis, um den dortigen Sommer zu nutzen. Von allen Vögeln zieht sie am weitesten.

Kanarienvögel der Meere
Weißwale verständigen sich untereinander durch Gesang. Aufgrund der vielfältigen Laute, die sie erzeugen können, verglichen Seeleute des 19. Jh.s sie mit Kanarienvögeln.

KÜSTENSEE-SCHWALBE

WEISSWAL

Moschusochse

NORDAMERIKA

BEAUFORTSEE

Beluga

NÖRDL. POLARKREIS

ASIEN

Rentier-Dasselfliege

BANKS-INSEL

Eisbär

LAPTEW-SEE

Lena

Olenjok

SCHNEEHASE

Polar-fuchs

Küstensee-schwalbe

ELLESMERE-INSEL

Weil es hier keine Nahrung gibt, leben nur wenige Tiere auf der Polkappe.

NORD-POLAR-MEER

• NORDPOL

BAFFININSEL

Bartrobbe

Narwal

Schnee-hase

Walross

GRÖNLAND

Die Regionen der Arktis, die nicht ständig von Eis bedeckt sind, bezeichnet man als Tundra.

Farbwechsel
Der Schneehase verändert seine Fellfarbe, um sich seiner Umgebung anzupassen. Im Winter ist sein Fell weiß. Im Frühjahr fallen die weißen Haare aus und der Hase bekommt ein graubraunes Fell.

Klapp-mütze

ATLANTIK

Ein Großteil Grönlands ist von Gletschern bedeckt.

ISLAND

EUROP. NORDMEER

TIERQUIZ
+ Wo versteckt der Polarfuchs seine Vorräte?
+ Welches Tier nannten Seeleute im 19. Jh. »Kanarienvogel der Meere«?
+ Der Narwal hat nur zwei Zähne. Was geschieht mit einem davon?
+ Welcher Vogel fliegt von der Arktis zur Antarktis?

WALROSS

Graben mit den Zähnen
Das Walross hat ein Paar langer Stoßzähne, mit denen es Muscheln und andere kleine Tiere aus dem Meeresboden ausgräbt. Walrosse leben in großen Gruppen zusammen und schlafen tagsüber viel auf dem Eis. In der Paarungszeit versammeln sie sich an bestimmten Plätzen und die Männchen kämpfen miteinander um die Weibchen.

WÄLDER, SEEN, PRÄRIEN

DIE NADELWÄLDER KANADAS bestehen aus Ansammlungen von Fichten, Kiefern und Tannen. Die Waldböden sind feucht bis sumpfig und es gibt viele Seen. Weiter südlich erstreckten sich früher über den östlichen Teil Nordamerikas Wälder aus Eichen, Hickory und Kastanien, von denen jedoch große Teile abgeholzt wurden. Einige Tierarten konnten sich an die veränderten Lebensräume anpassen, während andere seltener wurden. Weite Flächen des Graslands, auf dem früher Bisons und Gabelböcke lebten, werden heute als Weiden und Äcker genützt.

WASCHBÄR

BEIFUSSHUHN

Dicke Backen
Das Amerikanische Rotfleckenhörnchen hat große Backentaschen, in denen es seine Nahrung in seinen unterirdischen Bau trägt. Im Bau gibt es mehrere Vorrats-, Schlaf- und Nestkammern.

Müllverwerter
Waschbären haben lange Finger mit gutem Tastvermögen, die sie bei der Nahrungssuche einsetzen. Sie wagen sich auch in die Städte und suchen im Müll nach Futter.

ZWEIPUNKT-MARIEN-KÄFER

Schädlingsbekämpfer
Der Zweipunkt-Marienkäfer ist in Nordamerika häufig anzutreffen. Er lebt in Wäldern, Wiesen und Gärten und ernährt sich von kleinen Insekten, so auch von Schädlingen.

AMERIKAN. ROT-FLECKENHÖRNCHEN

Gewürztes Fleisch
Das Beifußhuhn ernährt sich von den Blättern der Salbeisträucher. Dadurch nimmt sein Fleisch einen kräftigen Salbeigeschmack an.

Lauter Vogel
Der Schreikranich verdankt seinen Namen seinem Ruf, der an ein Hornsignal erinnert. Er wurde durch Jagd fast ausgerottet und ist heute geschützt.

Yukon

Weißkopfseeadler   *Elch*

ELCH

Schwerer Hirsch
Der Elch ist der schwerste Hirsch der Welt. Seine Hufe sind breit und die Beine lang. Deshalb kommt er auch in tiefem Schnee, in Sümpfen und Seen gut voran.

Die Waldseen sind der Lebensraum vieler Wasservögel, u.a. von Möwen, Enten und Schwänen.

P
A
Z
I
F
I
K

Auf den flachen Ebenen der Prärien wird heute Weizen angebaut.

SCHREIKRANICH

Bellendes Hörnchen

Der Präriehund ist eine Hörnchenart, die sich unter der Prärie Baue gräbt. Den Namen erhielten diese Tiere aufgrund der bellenden Laute, die sie bei Gefahr von sich geben. Früher lebten hier die Präriehunde in Kolonien von Millionen von Tieren.

PRÄRIEHUND

Weißer Kopf

Der Weißkopfseeadler ist das Wappentier der USA. Bei der Balz (der Werbung, die der Paarung vorausgeht) halten Männchen und Weibchen einander an den Zehen fest und schlagen in der Luft Saltos.

WEISS-KOPFSEE-ADLER

MONARCH-FALTER

VIELFRASS

Baumeister

Biber haben starke Kiefer und Vorderzähne. Sie nagen Baumstämme durch und bauen aus ihnen Dämme, um Wasserläufe aufzustauen. Hinter dem Damm liegt der eigentliche Bau aus Lehm und Zweigen.

BIBER

Vielflieger

Im Herbst fliegt der Monarchfalter von Kanada nach Kalifornien, Mexiko oder in die Karibik. Im Frühling fliegt er wieder in Richtung Norden, unterbricht jedoch den Flug, um sich zu paaren, und stirbt. Die Nachkommen fliegen weiter nach Norden.

Fester Biss

Der Vielfraß ist für seine Größe sehr stark und hat sehr viel Kraft in seinen Kiefern. Er kann sogar Tiere von der Größe von Rentieren töten. Mit seinen großen Pfoten kann er gut über Schnee laufen, ohne einzusinken. Vielfraße wandern über 65 km weit ohne zu rasten.

GROSSER BÄRENSEE

Mackenzie

Vielfraß

Schrei-
kranich

GROSSER
SKLAVENSEE

*Zweiaugen-
Marienkäfer*

Luftaufnahme herbstlicher Laubwälder in den Neuenglandstaaten der USA.

HUDSON-
BAI

Waschbär

N O R D -

WINNIPEGSEE

*Monarch-
falter*

Missouri

*Rotflecken-
hörnchen*

St.-Lorenz-Strom

A M E R I K A

GROSSE SEEN

R O C K Y   M O U N T A I N S

*Beifuß-
huhn*

Opossum

Biber

*Prärie-
hund*

APPALACHEN

ATLANTIK

Arkansas

Colorado

Red River

Mississippi

Rio Grande

OPOSSUM

Tragetasche

Das Opossum ist das einzige Beuteltier Nordamerikas. Die Jungen klettern nach der Geburt in den Beutel der Mutter, bleiben mehrere Monate darin und trinken ihre Milch.

TIERQUIZ

✦ Welche Tiere suchen mit ihren Fingern nach Nahrung?

✦ Zu welcher Gruppe von Tieren gehört der Präriehund?

✦ Wie werden die Prärien heute genutzt?

✦ Was machen Weißkopfseeadler bei der Balz?

✦ Welcher ist der größte Hirsch der Welt?

11

DIE ROCKY MOUNTAINS

DIE GEBIRGSKETTE DER ROCKY MOUNTAINS erstreckt sich entlang der Westseite Nordamerikas. Sie bildet ein Hindernis für die feuchten Winde, die vom Pazifik kommen. Wenn diese Winde die Hänge hinaufziehen, kühlen sie ab, und die in der Luft enthaltene Feuchtigkeit wird zu Regen oder Schnee. Im Gipfelbereich erreichen die Winde Geschwindigkeiten von 320 km/h und es kann –51° C kalt sein. In diesen Bergen leben Tiere, die durch Jagd oder menschliche Ansiedlung aus ihren Lebensräumen verdrängt wurden. Einige Arten passten sich an die Landschaft an und wurden zu guten Kletterern und Springern. Viele hier lebende Tiere haben ein dichtes Fell, das sie vor Wind und Kälte schützt.

HOCHALPEN-APOLLO

Sommerschmetterling
Die Männchen des Hochalpenapollos erscheinen im Sommer acht bis zehn Tage vor den Weibchen. Dann kann die Paarung stattfinden.

Baumstachler
In seinem Fell sind 30 000 Stacheln verborgen. Bei Gefahr dreht er dem Angreifer den Rücken zu, sträubt die Stacheln und schlägt mit dem Schwanz. Die Stacheln bleiben in der Haut des Angreifers hängen.

BAUM-STACHLER

Gräulicher Gigant
Der große Grizzlybär verdankt seinen Namen dem gräulichen (englisch: grizzled) Schimmer seines Fells. Ein Grizzlybär kann Tiere von der Größe eines Elchs töten, ernährt sich aber meist von kleinerer Beute sowie von Fischen, Früchten und Pflanzen. Er kann so schnell laufen wie ein Pferd und sich auf den Hinterbeinen aufrichten. Im Herbst legt er sich einen Fettvorrat an, von dem er im Winterschlaf zehrt.

GRIZZLYBÄR

Bergsteiger
An steilen Hängen klettern und springen Dickhornschafe sehr gewandt. Die Männchen haben gebogene Hörner, die sie in der Paarungszeit bei Rivalenkämpfen einsetzen.

DICKHORNSCHAF

Winterweiß
Im Winter wächst dem Schneeschuh-Hasen ein weißes Fell. Auf den dicht behaarten Pfoten läuft er wie auf Schneeschuhen.

SCHNEESCHUH-HASE

TIERQUIZ

✦ Welche Tiere haben sich in die Rocky Mountains zurückgezogen?

✦ Wie viele Stacheln verbergen sich im Fell des Baumstachlers?

✦ Unter welchen anderen Namen ist der Berglöwe bekannt?

✦ Was bedeutet das Wort »Wapiti«?

Tarntupfen
Mit seinem getupften Fell fällt der Rotluchs in einer felsigen oder bewaldeten Umgebung kaum auf und kann sich unbemerkt an seine Beute heranschleichen. Er jagt v.a. Hasen und Kaninchen, aber auch andere Wirbeltiere.

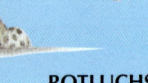

ROTLUCHS

Gleitflieger
Das Nordamerikanische Flughörnchen breitet im Sprung die Hautlappen an den Seiten seines Körpers wie Flügel aus und kann so im Gleitflug von Baum zu Baum fliegen. Mit den Füßen und dem Schwanz lenkt es den Flug.

NORDAMERIKA-NISCHES FLUG-HÖRNCHEN

SCHNEEZIEGE

Haftzehen
Die Klauen (Hufe) der Schneeziege sind gebogen. Dies erleichtert ihr das Klettern an steilen Hängen und Felsen.

Insektenfänger
Der Bergbläuling schnellt sich von einem Ast auf vorbeifliegende Insekten.

Schleichender Springer
Der Berglöwe, auch Kuguar oder Puma genannt, jagt nachts. Er schleicht sich nahe an seine Beute heran und springt von einem Baum oder überhängenden Felsen auf sie.

BERGBLÄU-LING

SCHNEEHUHN

BERGLÖWE

Gefiederte Füße
Weil die Füße des Schneehuhns von Federn geschützt sind, bleiben sie warm und sinken nicht im Schnee ein. Wenn das Weibchen im Sommer seine Eier bebrütet, ist es durch sein gestreiftes Gefieder getarnt.

WAPITI

Gewaltiges Geweih
Der Wapiti ist eine Hirschart. Der Name kommt aus einer indianischen Sprache, bedeutet »weiß« und bezieht sich auf den Fleck am Hinterteil. In der Paarungszeit im Herbst bekämpfen sich die Männchen mit ihren Geweihen.

NORD-POLARMEER

Der Missouri entspringt in den Rocky Mountains.

GROSSER BÄRENSEE

In den Rocky Mountains gibt es viele schneebedeckte Gipfel.

Yukon

Grizzlybär

Schneehuhn

Nordamerik. Flughörnchen

GROSSER SKLAVENSEE

GOLF VON ALASKA

Schnee-schuh-Hase

Schneeziege

Dickhornschaf

An den Hängen der Rocky Mountains wachsen Kiefern und Tannen.

Wapiti

Baumstachler

WINNIPEG-SEE

PAZIFIK

Hochalpen-apollo

N O R D -

R O C K Y   M O U N T A I N S

Rotluchs

Missouri

GROSSER SALZSEE

Bergbläuling

A M E R I K A

Berglöwe

Colorado

WESTLICHE WÜSTEN

DIE STEINIGEN WÜSTEN Nordamerikas bedecken einen großen Teil der südwestlichen USA und Nordmexikos. Die größte dieser Wüsten ist das Große Becken. Es wird von zwei Gebirgsketten eingerahmt, den Rocky Mountains im Osten und der Sierra Nevada im Westen. Im Süden geht es in die Mojavewüste über. Zwischen den beiden liegt das Tal des Todes, eine der heißesten Regionen der Erde. Südlich der Mojavewüste liegt die wegen ihrer riesigen Saguarokakteen berühmte Sonorawüste. Wüsten sind unwirtlich und trotzdem leben auch hier viele Tiere, die sich darauf spezialisiert haben, die wenige vorhandene Feuchtigkeit zu nutzen. Es gibt Tiere, die überleben, ohne jemals zu trinken. Viele bleiben tagsüber in Bauen und kommen nur nachts heraus, wenn es kühler und die Luft feuchter ist.

Warnrassel
Die Texas-Klapperschlange hat am Schwanzende eine Rassel, die sie schüttelt, um Fressfeinde zu vertreiben.

TEXAS-KLAPPER-SCHLANGE

SCHWALBEN-SCHWANZ

Antennenohren
Der Großohr-Kitfuchs ist der kleinste Fuchs Nordamerikas. Er jagt nachts und setzt beim Aufspühren der Beute seine großen Ohren wie Antennen ein. Er ernährt sich von kleinen Tieren wie z.B. Eidechsen und kann sehr schnell laufen, sodass er sie einholt, bevor sie sich in ihren Bauen verkriechen können.

Stinkender Schutz
Der Fleckenskunk schützt sich vor Angreifern, indem er sie mit einer übel riechenden Flüssigkeit bespritzt. Sie kommt aus Drüsen unter seinem Schwanz. Oft zielt er auf die Augen.

Wüstenschmetterling
Der Schwalbenschwanz *Papilio polyxenes color* verdankt seinen Namen den langen Ausläufern der Flügel, die an den Schwanz einer Schwalbe erinnern. Dieser Schmetterling lebt in den Gebirgsschluchten der Wüsten und pflanzt sich nur nach Regenfällen fort. Wenn sich seine Raupen bedroht fühlen, sondern sie einen unangenehmen Geruch ab. So schützen sie sich vor Fressfeinden.

FLECKEN-SKUNK

GROSSOHR-KITFUCHS

TIERQUIZ

+ Wo baut der Gilaspecht sein Nest?
+ Welches Tal gilt als eine der heißesten Regionen der Erde?
+ Auf welchen Körperteil seiner Feinde zielt der Fleckenskunk?
+ Wie schnell läuft der Erdkuckuck?

Flotter Vogel
Der Erdkuckuck lebt am Boden und fliegt ungern. Auf seinen kräftigen Beinen erreicht er im Lauf Geschwindigkeiten von bis zu 24 km/h. Den Schwanz setzt er als Steuerruder oder Bremse ein.

ERDKUCKUCK

GOPHER-SCHILDKRÖTE

NORDAMERIKA

GROSSES BECKEN
Erdkuckuck

Im Tal des Todes ist die Luft glühend heiß.

Großohr-Kitfuchs

Schwalbenschwanz

Halsbandleguan

Gilaspecht

In der Wüsten wachsen Salbei und Creosote-Sträucher.

Fleckenskunk

Gopherschildkröte

Eselhase

Mississippi

ROCKY MTS

Mexikovogelspinne

Gila-Krustenechse

GOLF VON KALIFORNIEN

PAZIFIK

Texas-Klapperschlange

GOLF VON MEXIKO

Schwerer Panzer
Die Gopherschildkröte hat einen harten Panzer, der sie vor der glühenden Sonnenhitze und vor Fressfeinden schützt. Wenn die Schildkröte Kopf und Beine in den Panzer zieht, kann ihr ein Fuchs oder Luchs kaum etwas anhaben.

GILASPECHT

Kühlnest
Der Gilaspecht gräbt sich sein Nest im Stamm eines Kaktus, z.B. eines Saguarokaktus. Dessen Stacheln halten Fressfeinde fern und die Temperatur im Kaktusstamm ist wesentlich niedriger als die Außentemperatur.

Sonnenanbeter
Der Halsbandleguan ruht nachts in Felsspalten und kommt morgens heraus, um sich in der Sonne zu wärmen. Das Männchen (Bild) ist bunter als das Weibchen.

Ein Saguarokaktus kann 15 m hoch und schwerer als ein Afrikanischer Elefant sein.

KALIFORNISCHER ESELHASE

Schnellspringer
Mit seinen kräftigen Hinterbeinen erreicht der Kalifornische Eselhase in der Wüste Geschwindigkeiten von bis zu 56 km/h.

HALSBANDLEGUAN

Wüstenspinne
Die Mexikovogelspinne versteckt sich tagsüber meist unter einem Stein oder in einem Loch. Sie jagt im Morgengrauen oder in der Abenddämmerung.

MEXIKOVOGELSPINNE

GILA-KRUSTENECHSE

Fetter Schwanz
Diese Echse speichert in ihrem Schwanz Fett, von dem sie bei Nahrungsknappheit zehrt.

15

DIE EVERGLADES

IN SÜDFLORIDA LIEGT DER Everglades-Nationalpark, ein ausgedehntes Sumpfgebiet, zu dem auch Küstenabschnitte gehören. Der Sumpf ist überwiegend mit Gras bewachsen, hier und da stehen kleinere Baumgruppen. In den Everglades gibt es eigentlich nur zwei Jahreszeiten: einen feuchten Sommer und einen trockenen Winter. Im Sommer ermöglicht es der hohe Wasserstand den Tieren sich im Park frei zu bewegen. Im Winter versammeln sie sich an den wenigen verbliebenen Wasserlöchern. Hier leben auch viele seltene Tiere. Trockenlegungsprogramme im Norden sowie in der Landwirtschaft verwendete Chemikalien bedrohen die Everglades.

TIERQUIZ

✦ Was sind die Everglades?

✦ Welches Tier hat Vorfahren, die vor 150 Mio. Jahren lebten?

✦ Welche Nahrung braucht das Mückenweibchen vor der Eiablage?

✦ Warum graben Mississippi-Alligatoren Löcher in den Sumpfboden?

Löcher buddeln
Mississippi-Alligatoren graben im Sumpfboden große Löcher. Dort sammelt sich Wasser, das auch in der trockenen Jahreszeit darin bleibt. Der Alligator frisst vom Wasser angelockte Tiere.

SCHNECKEN-WEIHE

Giftiger Schmetterling
Die Raupen des Zebrafalters fressen die Ranken der Passionsblume, die für die meisten Tiere giftig sind. Das Gift bleibt in ihren Körpern und schützt sie später vor Feinden.

MISSISSIPPI-ALLIGATOR

ZEBRAFALTER

Baumgruppen ragen aus dem Wasser heraus.

BRAUNER PELIKAN

Schneckenfresser
Den Namen Schneckenweihe erhielt dieser Vogel, weil er sich nur von einer Wasserschneckenart ernährt, der Apfelschnecke. Mit dem gebogenen Schnabel holt er das Schneckenfleisch heraus, ohne die Schale zu zerbrechen.

Wärmesensoren
Die Wassermokassinschlange jagt nachts. Wie alle Mitglieder der Familie der Grubenottern hat sie vorne am Kopf zwei „Gruben". Sie nehmen Wärme wahr und helfen der Schlange, die warmen Körper kleiner Tiere zu finden.

Toller Taucher
Der Braune Pelikan fängt Fische, indem er sich aus der Luft ins Wasser stürzt und sie im Kehlsack fängt.

WASSERMOKASSIN-SCHLANGE

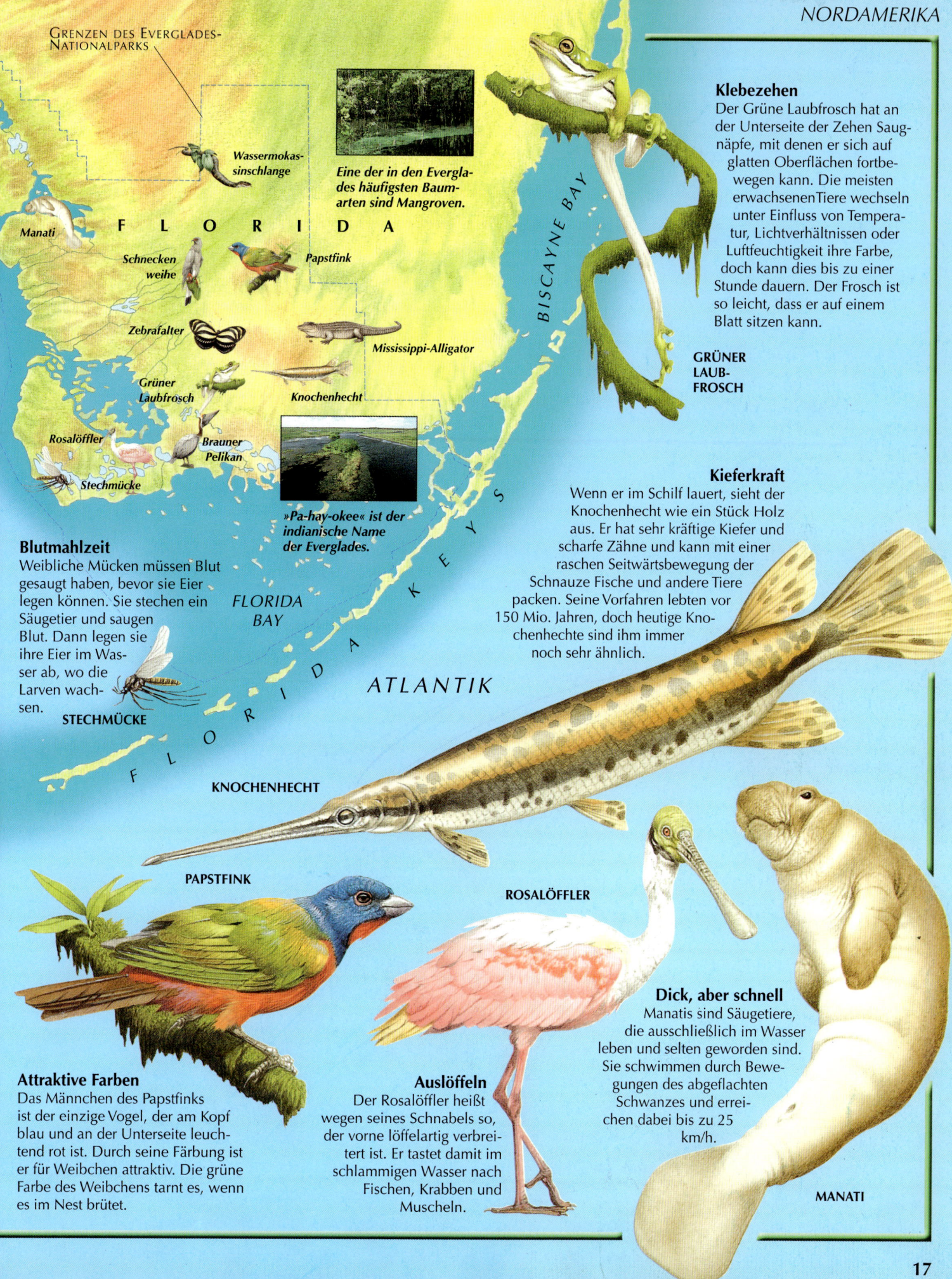

GRENZEN DES EVERGLADES-
NATIONALPARKS

Wassermokas-
sinschlange

Eine der in den Evergla-
des häufigsten Baum-
arten sind Mangroven.

F L O R I D A

Manati

Schnecken
weihe

Papstfink

Zebrafalter

Mississippi-Alligator

Grüner
Laubfrosch

Knochenhecht

Rosalöffler

Brauner
Pelikan

Stechmücke

»Pa-hay-okee« ist der
indianische Name
der Everglades.

BISCAYNE BAY

FLORIDA
BAY

ATLANTIK

F L O R I D A   K E Y S

Klebezehen
Der Grüne Laubfrosch hat an der Unterseite der Zehen Saugnäpfe, mit denen er sich auf glatten Oberflächen fortbewegen kann. Die meisten erwachsenen Tiere wechseln unter Einfluss von Temperatur, Lichtverhältnissen oder Luftfeuchtigkeit ihre Farbe, doch kann dies bis zu einer Stunde dauern. Der Frosch ist so leicht, dass er auf einem Blatt sitzen kann.

GRÜNER
LAUB-
FROSCH

Kieferkraft
Wenn er im Schilf lauert, sieht der Knochenhecht wie ein Stück Holz aus. Er hat sehr kräftige Kiefer und scharfe Zähne und kann mit einer raschen Seitwärtsbewegung der Schnauze Fische und andere Tiere packen. Seine Vorfahren lebten vor 150 Mio. Jahren, doch heutige Knochenhechte sind ihm immer noch sehr ähnlich.

Blutmahlzeit
Weibliche Mücken müssen Blut gesaugt haben, bevor sie Eier legen können. Sie stechen ein Säugetier und saugen Blut. Dann legen sie ihre Eier im Wasser ab, wo die Larven wachsen.

STECHMÜCKE

KNOCHENHECHT

PAPSTFINK

ROSALÖFFLER

Dick, aber schnell
Manatis sind Säugetiere, die ausschließlich im Wasser leben und selten geworden sind. Sie schwimmen durch Bewegungen des abgeflachten Schwanzes und erreichen dabei bis zu 25 km/h.

Attraktive Farben
Das Männchen des Papstfinks ist der einzige Vogel, der am Kopf blau und an der Unterseite leuchtend rot ist. Durch seine Färbung ist er für Weibchen attraktiv. Die grüne Farbe des Weibchens tarnt es, wenn es im Nest brütet.

Auslöffeln
Der Rosalöffler heißt wegen seines Schnabels so, der vorne löffelartig verbreitert ist. Er tastet damit im schlammigen Wasser nach Fischen, Krabben und Muscheln.

MANATI

MITTELAMERIKA

DIE VIELFÄLTIGE TIERWELT Mittelamerikas und der karibischen Inseln spiegelt die Unterschiedlichkeit der Lebensräume wieder. an den Küsten gibt es Mangrovensümpfe, im Binnenland Grasland und Regenwälder. Es ist das ganze Jahr über warm, doch im Sommer und Herbst kommt es zu heftigen Stürmen. Mittelamerika bildet eine Landbrücke zwischen Nord- und Südamerika, die Wanderungen von Tieren ermöglichte. Das Meer hinderte aber viele daran, die Inseln zu erreichen.

Luftakrobat
Der Wickelbär verbringt den größten Teil seines Lebens in den Bäumen. Mit dem Greifschwanz hält er sich an Ästen fest.

Das Hochland im Inneren Jamaikas ist von Wäldern bedeckt.

Blutsauger
Die Vampirfledermaus ernährt sich vom Blut großer Säugetiere (z. B. Rinder). Mit den scharfen Vorderzähnen ritzt sie die Haut ihrer Opfer.

WICKELBÄR

Wickelbär

Ozelot

Quetzal

B A

K U B A

Bienenelfe

Kuba-Schlitzrüssler

K A R I B I K

JAMAIKA

GLASFROSCH

Roter Brüllaffe

MITTEL-AMERIKA

Vampirfledermaus

MANAGUA-SEE

NICARA-GUASEE

Durchsichtiger Frosch
Der Glasfrosch heißt so, weil die Haut an seinem Bauch durchsichtig ist.

VAMPIRFLEDERMAUS

Kleinster Vogel
Die auf Kuba lebende Bienenelfe ist der kleinste Vogel der Welt. Er bewegt die Flügel mit 30 bis 80 Schlägen in der Sekunde so schnell, dass das menschliche Auge nicht mehr folgen kann.

BIENENELFE

Rauschuppige Lanzenotter

Schnappkieferameise

Blattkäfer

Glasfrosch

PAZIFIK

GOLF VON PANAMA

Tödliche Gefahr
Die Rauschuppige Lanzenotter ist eine der gefährlichsten Schlangen der Welt: Sie greift relativ schnell an und ist sehr giftig. Ihr Gift lähmt das Opfer.

LANZENOTTER

SCHNAPPKIEFER-AMEISE
Schnappkiefer
Ihre großen Mundwerkzeuge setzt die Schnappkieferameise bei der Jagd oder zum Tragen ein. Die abgebildete Ameise trägt eine Ameisenlarve.

OZELOT

Getüpfelte Katze
Ozelots wurden selten, weil die Wälder – ihr Lebensraum – abgeholzt werden und weil man sie wegen ihres Fells jagt. Jeder Ozelot ist ein bisschen anders gezeichnet.

Seltenheit
Der Kuba-Schlitzrüssler lebt nur auf Kuba und pflanzt sich sehr langsam fort. Dadurch und durch neu eingeführte Tiere ist diese Art bedroht.

Heiliger Vogel
In den alten Kulturen Mittelamerikas wurde der leuchtend bunte Quetzal einst als Gott der Luft verehrt. Die langen Schwanzfedern der Männchen wurden bei religiösen Zeremonien verwendet.

QUETZAL

KUBA-SCHLITZRÜSSLER

HISPANIOLA

PUERTO RICO

GUADELOUPE

BLATT-KÄFER

MARTINIQUE

BARBADOS

Königs-amazone

KÖNIGS-AMAZONE

Das lauteste Tier
Die Männchen des Roten Brüllaffen gehören zu den lautesten Tieren der Welt. Sie brüllen Rivalen an, um ihr Revier zu verteidigen.

ROTER BRÜLLAFFE

Glänzende Flügel
Die glänzenden Flügeldecken des Blattkäfers *Chrysochus auratus* spiegeln die Sonnenstrahlen und verwirren so Fressfeinde.

In dieser Region gibt es aktive Vulkane.

TRINIDAD

Fingerfertige Füße
Dieser Papagei lebt nur auf der Insel St. Vincent. Bei Papageien weisen zwei Zehen nach vorne und zwei nach hinten. Deshalb können sie ihre Füße wie Hände einsetzen.

SÜDAMERIKA

Viele Inseln der Karibik haben schöne Sandstrände.

TIERQUIZ

✦ Was für eine Art Brücke bildet Zentralamerika?

✦ Rote Brüllaffen sind sehr laute Tiere. Warum brüllen sie?

✦ Welche Tiere sind Opfer der Vampirfledermaus?

✦ Welcher Vogel wurde in den alten mittelamerikanischen Kulturen verehrt?

✦ Warum wird der Glasfrosch so genannt?

GALÁPAGOSINSELN

W ESTLICH VON SÜDAMERIKA liegen die Galápagosinseln.
Sie sind die Heimat einer großen
Zahl einzigartiger Tiere, deren Vorfahren aus
Amerika zu den Inseln schwammen, trieben oder flogen. Da nur wenige Säugetiere hinübergelangten,
beherrschen Vögel und Reptilien die Insel, unter ihnen
Fregattvögel, Leguane und Riesenschildkröten. Der
Name »Galápagos« ist von einem
spanischen Wort für Schildkröte
abgeleitet.

Nutzlose Flügel

Die Vorfahren des Stummelkormorans flogen vermutlich
auf die Galápagosinseln. Mit der Zeit verloren die Vögel
die Fähigkeit, zu fliegen, weil sie vor der Ankunft des
Menschen auf den Inseln keine Feinde hatten. Die Flügel
haben nur ein Drittel
der Größe, die zum
Fliegen nötig wäre.

ISLA PINTA

ISLA MAR-
CHENA

ISLA GENO-
VESA

STUMMEL-
KORMORAN

Stummel-
kormoran

WOLF-VULKAN

*Die Inseln sind vulkani-
schen Ursprungs und
bestehen aus Lava.*

DARWIN-
VULKAN

Galápagos-
Pinguin

ISLA FERNAN-
DINA

LA CUMBRE-
VULKAN

Galápagos-Drusenkopf

ISLA SAN
SALVADOR

Rote Klippen-
krabbe

*Auf den kleineren
Inseln gibt es kaum
Wasser. Nur wenige
Pflanzen wachsen hier.*

ALCEDO-
VULKAN

P A Z I F I K

*Der Feigenkaktus
wächst auf den Lavafel-
dern.*

Galapagos-
Seebär

ISLA
SANTA CRUZ

Scharlachflie-
genschnäpper

Spechtfink

I S L A   I S A -

SANTO-TOMÁS-
VULKAN

Riesenschild-
kröte

ISLA SANTA FÉ

B E L L A

GALÁPAGOS-
DRUSENKOPF

Meerechse

Flink zur Seite

An den felsigen Ufern der Galápagosinseln leben sehr viele Rote Klippenkrab-
ben. Um nicht über die eigenen Beine
zu stolpern, laufen sie seitwärts.
Die Vorderbeine bildeten sich
zu einem Scherenpaar um,
mit dem die Krabbe Nah-
rung packt.

ROTE KLIPPEN-
KRABBE

ISLA SANTA
MARÍA

Rivalenkämpfe

In der Paarungszeit
verteidigt der männli-
che Galápagos-Dru-
senkopf sein Revier gegen
andere Männchen. Wenn
sich ein Rivale nähert,
bewegt er seinen Kopf dro-
hend auf und ab. Wenn dies
nicht wirkt, kann es zu
einem Kampf kommen, bei
dem sich die beiden Tiere zu
beißen versuchen.

Meeresreptil

Die Meerechse ist die einzige Echse der Welt, die im Meer schwimmt und nach Nahrung sucht. Sie kann auch Felsen erklettern.

MEERECHSE

Nützliches Werkzeug

Nur wenige Vögel benutzen bei der Nahrungssuche Werkzeug. Einer von ihnen ist der Spechtfink. Mit einem kleinen Zweig oder Kaktusstachel holt er Insektenlarven aus Löchern in der Baumrinde hervor.

Piraten der Lüfte

Der Fregattvogel ist nach einem Schiffstyp benannt, der häufig von Piraten verwendet wurde. Wenn er einen anderen Vogel mit Nahrung sieht, zwingt er ihn, das Futter fallen zu lassen, um es sich selbst zu schnappen.

SPECHTFINK

BLAUFUSS-TÖLPEL

PRACHT-FREGATTVOGEL

Pelzmäntel

Der Galápagos-See-bär hat ein dichtes Fell, das aus einer äußeren Schicht von Deckhaaren und einem weichen Unterfell besteht. Weil Pelzmäntel aus diesem Fell sehr begehrt waren, wurden die Seebären beinahe ausgerottet. Heute sind sie geschützt.

Blaue Schuhe

Bei der Balz hebt der Blaufußtölpel abwechselnd die Füße, was sehr komisch wirkt. Anders als der Name vermuten lässt, taucht und fliegt er sehr gewandt.

GALÁPAGOS-SEEBÄR

GALÁPAGOS-PINGUIN

Pracht-Fregatt-vogel

ISLA SAN CRISTÓBAL

Einzigartiger Pinguin

Der Galápagos-Pinguin lebt als einziger Pinguin am Äquator. Die meisten anderen Pinguinarten sind in der Antarktis heimisch. Diese Vögel können hier leben, weil ein Meeresstrom kaltes antarktisches Wasser an den Inseln vorbeiführt.

Fliegenfänger

Der Scharlachfliegenschnäpper fängt gerne vom Rücken der Riesenschildkröten aus Fliegen. In der Balz zeigt das Männchen sein rotes Gefieder.

SCHARLACH-FLIEGEN-SCHNÄPPER

Blaufußtölpel

ISLA ESPAÑOLA

Schwergewichte

Die Galápagosinseln sind die Heimat mehrerer Arten von Riesenschildkröten, die auf verschiedenen Inseln leben. Jede Art entwickelte einen etwas anderen Panzer, der an ihren Lebensraum und ihre Ernährungsweise angepasst ist. Riesenschildkröten überleben auch längere Perioden ohne Wasser und Nahrung.

RIESENSCHILD-KRÖTE

21

DIE ANDEN

DIE LÄNGSTE Gebirgskette der Welt sind die Anden. Sie erstrecken sich entlang der Westseite Südamerikas. Die Anden zählen zu den jüngsten Gebirgen der Welt. Manche ihrer Berge sind vulkanischen Ursprungs und einige davon sind aktiv. Auf den Hochebenen unter den Andengipfeln liegen viele Seen. Im Osten gehen die flachen Hänge allmählich in das Grasland der Pampa und das Amazonasbecken über. In den Bergen lebende Tiere mussten sich an die dünne Gebirgsluft anpassen, die weniger Sauerstoff enthält, und entwickelten besonders große Herzen und Lungen. In der Nacht wird es in den Anden sehr kalt, sodass Tiere im Vorteil sind, die wie das Alpaka ein dickes Fell haben.

Große Flügel

Der Andenkondor hat gewaltige Schwingen, mit denen er weit gleiten kann. Er ernährt sich von Aas (toten Tieren). Kopf und Hals sind nackt, sodass beim Fressen keine Federn schmutzig werden.

ANDEN-KONDOR

PUDU

Grabender Vogel

Der Maskentyrann gräbt sich einen großen unterirdischen Bau, an dessen Ende eine Nistkammer liegt. Dabei setzt er seinen Schnabel wie eine Spitzhacke ein und scharrt mit den Füßen.

VIKUNJA

MASKENTYRANN

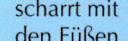

Kleinster Hirsch

Der Pudu ist der kleinste Hirsch Amerikas. Er wird nur 40 cm hoch und lebt in abgelegenen Tieflandregionen. Der Pudu ist sehr scheu. Deshalb wid er nicht oft gesichtet und es ist wenig über ihn bekannt. Er lebt vermutlich in kleinen Gruppen und ernährt sich von Blättern, Sprossen und Früchten.

DARWIN-NASENFROSCH

Frösche im Hals

Das Männchen des Darwin-Nasenfroschs trägt die Kaulquappen in der Schallblase in seiner Kehle mit sich herum. So sind sie vor Fressfeinden sicher. Solange er die Jungen im Hals hat, kann er nur sehr leise quaken. Nach etwa drei Wochen sind aus den Kaulquappen kleine Frösche geworden und ihr Vater spuckt sie aus. Die Weibchen beteiligen sich nicht an der Aufzucht der Jungen.

Pfeifende Wächter

Die meisten Vikunjas leben in kleinen Familiengruppen, die jeweils von einem Männchen bewacht werden. Bei Anzeichen von Gefahr pfeift es und Weibchen und Junge flüchten.

Praktische Nase

Der Bergtapir lebt in Bergwäldern der Anden. Nase und Oberlippe sind zu einem kurzen Rüssel zusammengewachsen, mit dem der Bergtapir Blätter von den Zweigen reißen kann.

BERGTAPIR

TIERQUIZ

✦ Wie beschützt der Darwin-Nasenfrosch seine Kaulquappen?

✦ Warum sind Kopf und Hals des Andenkondors nackt?

✦ Warum heißt der Brillenbär so?

✦ Warum sind Chinchillas selten?

✦ Wie haben sich manche Tiere an die sauerstoffarme Luft der Anden angepasst?

SÜDAMERIKA

Amazonas

AMAZONAS-BECKEN

Andenkondor
Maskentyrann

ANDEN-SPECHT

Einige Andengipfel sind über 6100 m hoch.

Brillenbär
TITICACASEE

Am Titicacasee leben viele Tiere.

Chinchilla

Darwin-Nasenfrosch

Vikunja

Sturzbachente

Bergtapir

Holzhauer
Der Andenspecht meißelt mit seinem kräftigen Schnabel Nisthöhlen in Pflanzenstämme, z. B. den stacheligen Stamm einer Puya. Seine Füße sind gut zum Klettern geeignet.

Alpaka

Salado

Paraná

PAZIFIK

Flauschiges Fell
Chinchillas leben hoch oben in den Anden. Vor der Kälte schützt sie ihr weiches, dichtes Fell. Weil viele Chinchillas wegen ihres Fells getötet wurden, sind sie heute selten.

Andenspecht

PAMPA

CHINCHILLA

Colorado

Brillenträger
Die weiße Zeichnung im Gesicht des Brillenbärs erinnert an eine Brille. Sie sieht bei jedem Tier ein bisschen anders aus, sodass man die Bären an ihren »Brillen« unterscheiden kann.

Pudu

Der Parinacota ist einer der vielen aktiven Vulkane der Anden.

BRILLENBÄR

ATLANTIK

FALKLAND-INSELN

FEUER-LAND

Rasante Ente
Die Sturzbachente sucht sich ihr Futter in den schnell fließenden Wasserläufen der Anden, die viele Wasserfälle und Stromschnellen aufweisen. Beim Schwimmen und Tauchen dient der Schwanz als Ruder.

KAP HOORN

PATAGONIEN

Zottiges Kamel
Das Alpaka ist mit dem Kamel verwandt. Es hat ein langes, zottiges Fell, das beinahe bis zum Boden reicht und wie bei Schafen geschoren wird.

ALPAKA

STURZ-BACHENTE

DER AMAZONAS

Im Becken des Amazonas befindet sich der größte Regenwald der Welt. Er bedeckt eine Fläche von etwa 6 000 000 km² und ist damit zehnmal größer als Frankreich. Das Klima ist das ganze Jahr über warm und feucht. Im tropischen Regenwald leben mehr verschiedene Arten als anderswo auf der Welt. Viele Tiere halten sich ausschließlich in den Baumkronen auf, wo sie die Blätter, Blüten und Früchte, von denen sie leben, im Überfluss finden. Andere Tiere suchen ihre Nahrung mit ihren langen Nasen und scharfen Krallen am Waldboden. Inzwischen wurden weite Teile des Regenwalds abgeholzt, um Felder anzulegen oder Bodenschätze abzubauen, und viele Tiere und Pflanzen dieses Lebensraums sind bedroht.

BLAUER MORPHO-FALTER

Reflektierende Flügel
Die Flügel des männlichen Blauen Morphofalters leuchten förmlich, weil die kleinen Schuppen darauf das Licht reflektieren. Wenn der Falter seine Flügel bewegt, ändert sich ihre Farbe. Viele dieser Falter wurden für Sammler gefangen und heute ist die Art bedroht.

Größter Schnabel
Von allen Tukanen hat der Riesentukan den größten Schnabel. Er ist leichter, als er aussieht, denn die Wände sind dünn und von feinen Knochenstreben gestützt.

RIESENTUKAN

Gefahr unter Wasser
Der Kaiman ist mit dem Krokodil verwandt. Er lauert knapp unter der Wasseroberfläche. Wenn ein durstiges Tier zum Wasser kommt, packt der Kaiman es und hält es so lange unter Wasser, bis es ertrinkt.

HOATZIN

KAIMAN

KARIBIK

MARACAI-BOSEE

GOLF VON PANAMA

Akrobatische Sprünge
Der Klammeraffe ist ein atemberaubender Akrobat. Er vollbringt 10 m weite Sprünge von Baum zu Baum und benutzt den Schwanz zum Greifen.

Auf das oberste Baumstockwerk des Regenwalds fallen jährlich 305 cm Regen.

Affenadler

Schwache Flügel
Die Flugmuskeln des Hoatzin sind so schwach, dass er nicht weiter als 100 m fliegen kann, ohne eine Pause einzulegen. Er klettert in den Bäumen und stützt sich dabei mit dem Schwanz ab.

PAZIFIK

ANDEN

KLAMMERAFFE

Heilroter Ara

Große Katze
Der Jaguar ist die größte Katze Südamerikas. Sein Fell tarnt ihn im Wald sehr gut, sodass er sich ganz nahe an seine Beutetiere heranschleichen kann.

JAGUAR

TITICACASEE

Würgegriff
Die Grüne Hundskopfboa ist keine Giftschlange, sondern setzt ihren ganzen muskulösen Körper ein, um ihre Beute zu erdrücken. Durch die grüne Farbe ihrer Haut ist sie im Laub der Bäume gut getarnt.

GRÜNE HUNDS-KOPFBOA

SERRASALMUS PIRAYA

Nussknackerschnabel
Der Hellrote Ara ist der größte südamerikanische Papagei und hat die längsten Schwanzfedern. Sein kräftiger gebogener Schnabel hat scharfe Ränder und funktioniert wie ein Nussknacker.

HELLRO-TER ARA

Räuber
Wenn Piranhas (auch: Pirayas) ein großes Tier angreifen, töten sie es innerhalb von Minuten.

AFFEN-ADLER

Größter Adler
Der Affenadler ist der größte und kräftigste Adler der Welt. Bei der Jagd auf Affen und andere Tiere zwischen den Baumwipfeln fliegt er bis zu 80 km/h schnell.

MOSKITO-KOLIBRI

Schwebender Edelstein
Wenn der Moskitokolibri Nektar nascht, steht er dabei scheinbar in der Luft. Dabei bewegt er seine Flügel 80-mal in der Sekunde.

RIESEN-GÜRTELTIER

Die größten Krallen
Mit den gebogenen Krallen gräbt das Riesengürteltier nach Würmern, Ameisen, Termiten und Schlangen. Seine Vorderkrallen sind die größten im Tierreich.

Orinoco

Hoatzin

Morpho-falter

S Ü D -

Jaguar

Klammer-affe

Riesen-gürteltier

Kaiman

Amazonas

Moskito-kolibri

Serrasalmus piraya

A M E R I K A

Riesen-tukan

Grüne Hunds-kopfboa

Der Amazonas hat über 1000 Nebenflüsse.

Im Amazonasbecken sind über 100 000 Pflanzenarten heimisch.

A T L A N T I K

BRASILIAN. BERGLAND

TIERQUIZ

✦ Ist der Kaiman mit dem Krokodil verwandt?

✦ Wie weit kann ein Hoatzin am Stück fliegen?

✦ Wie tötet die Grüne Hundskopfboa ihre Beute?

✦ Wie schnell fliegt ein Affenadler?

✦ Welches Tier hat von allen Säugetieren die größten Krallen?

✦ Welcher Schmetterling ist vom Aussterben bedroht und warum?

✦ Wie oft würde Frankreich in den Amazonasdschungel passen?

DIE PAMPA

DIE GROSSE, MIT Gras bewachsene Ebene im Osten Südamerikas wird Pampa genannt. Im überwiegend trockenen Klima wächst Gras gut, doch Bäume und größere Sträucher können nur entlang der Wasserläufe gedeihen. Viele Tiere der Pampa leben in unterirdischen Bauen. In ihnen sind sie vor den Bränden geschützt, die sich im trockenen Grasland häufig entzünden. Ein großer Teil der Pampa dient heute als Viehweide.

Nestbeschützer
Der männliche Nandu zieht die Jungen auf und verteidigt das Nest. Er greift jeden an, der seinen Jungen zu nahe kommt, auch Menschen.

Große Sprünge
Der Mara kann mithilfe seiner langen Hinterbeine sehr weit springen. Er ähnelt zwar einem Hasen, ist aber mit dem Meerschweinchen verwandt.

MARA

NANDU

TÖPFER-VOGEL

Fleißig
Der Töpfervogel verdankt seinen Namen seinem Nest, das wie ein Lehmofen aussieht. In den Pampas gibt es wenige Bäume und das Weibchen baut das Nest häufig auf einem Pfosten. Sie braucht dafür bis zu 2500 Lehmklümpchen.

GÜRTELMAUS

Unverschämter Vogel
Der Haubencaracara oder Carancho lebt von Aas. Manchmal bedrängt er einen Geier so sehr, bis dieser etwas von dem Fleisch hochwürgt, das er gefressen hat.

Kettenhemd
Der Rücken der Gürtelmaus ist durch einen Panzer geschützt, der aus hornbedeckten Knochenplatten besteht.

PAMPAS-HIRSCH

Seltener Hirsch
Der Pampashirsch ist einer der wenigen überlebenden großen Pflanzenfresser des Graslands. Durch Bejagung und die Futterkonkurrenz der Rinder ist er inzwischen selten geworden. Der Bock hat an den Hufen Drüsen. Der Geruch, den sie abgeben, ist über 1,5 km weit zu riechen.

HAUBEN-CARACARA

TIERQUIZ

✦ Was tut das Nandumännchen, wenn jemand dem Nest zu nahe kommt?

✦ Warum bedrängt der Haubencaracara Geier?

✦ Womit deckt sich ein Großer Ameisenbär zu?

✦ Was passiert, wenn das Perl-Steißhuhn zu fliegen versucht?

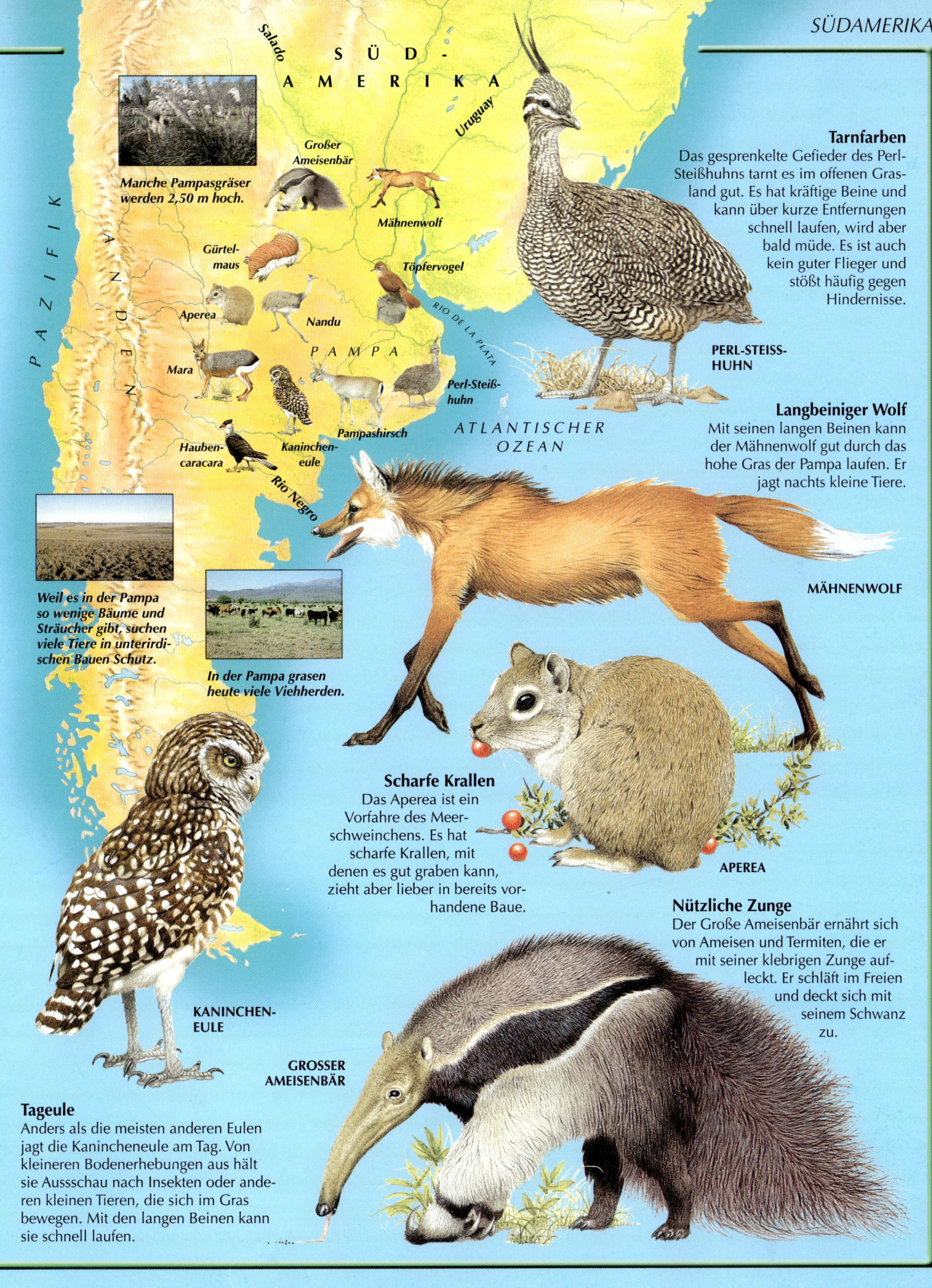

S Ü D -
A M E R I K A

Salado

Uruguay

**Manche Pampasgräser
werden 2,50 m hoch.**

Großer
Ameisenbär

Mähnenwolf

Gürtel-
maus

Töpfervogel

RIO DE LA PLATA

Aperea

Nandu

P A M P A

Mara

Perl-Steiß-
huhn

ATLANTISCHER
OZEAN

Hauben-
caracara

Kaninchen-
eule

Pampashirsch

Rio Negro

P
A
Z
I
F
I
K

A
N
D
E
N

**Weil es in der Pampa
so wenige Bäume und
Sträucher gibt, suchen
viele Tiere in unterirdi-
schen Bauen Schutz.**

**In der Pampa grasen
heute viele Viehherden.**

Tarnfarben

Das gesprenkelte Gefieder des Perl-
Steißhuhns tarnt es im offenen Grasland gut. Es hat kräftige Beine und
kann über kurze Entfernungen
schnell laufen, wird aber
bald müde. Es ist auch
kein guter Flieger und
stößt häufig gegen
Hindernisse.

**PERL-STEISS-
HUHN**

Langbeiniger Wolf

Mit seinen langen Beinen kann
der Mähnenwolf gut durch das
hohe Gras der Pampa laufen. Er
jagt nachts kleine Tiere.

MÄHNENWOLF

Scharfe Krallen

Das Aperea ist ein
Vorfahre des Meer-
schweinchens. Es hat
scharfe Krallen, mit
denen es gut graben kann,
zieht aber lieber in bereits vorhandene Baue.

APEREA

Nützliche Zunge

Der Große Ameisenbär ernährt sich
von Ameisen und Termiten, die er
mit seiner klebrigen Zunge auf-
leckt. Er schläft im Freien
und deckt sich mit
seinem Schwanz
zu.

**KANINCHEN-
EULE**

**GROSSER
AMEISENBÄR**

Tageule

Anders als die meisten anderen Eulen
jagt die Kanincheneule am Tag. Von
kleineren Bodenerhebungen aus hält
sie Ausschau nach Insekten oder anderen kleinen Tieren, die sich im Gras
bewegen. Mit den langen Beinen kann
sie schnell laufen.

NADELWÄLDER

EIN BREITER STREIFEN dichter Nadelwälder zieht sich quer durch Nordeuropa. Weiter im Süden liegen kleinere Nadelwälder wie z. B. der Schwarzwald. In diesen Wäldern herrschen Nadelbäume vor (immergrüne Bäume mit nadelähnlichen Blättchen, deren Samen in Zapfen stecken). Nadelwälder reagieren besonders empfindlich auf sauren Regen und wurden von diesem in letzter Zeit stark geschädigt. Die Tiere, die in diesen Wäldern leben, sind an ein raues Klima angepasst. Die Winter sind bitter kalt, aber weil die Bäume ihre Nadeln im Herbst nicht verlieren, bieten sie den Tieren Schutz vor Wind und Niederschlägen.

Frischfisch
Der Fischadler lebt von Fischen, die er aus Seen herausfängt. Er hat lange scharfe Krallen und an der Unterseite der Zehen Hornstacheln. Damit kann er die schlüpfrigen Fische fest packen. Ein ausgewachsener Fischadler kann einen zwei Kilo schweren Fisch tragen. Im Herbst ziehen die Fischadler nach Afrika. Hier finden sie Wärme und viele, viele Fische.

FISCHADLER

WALDOHR-EULE

Lange Ohren
Die Länge der Ohren dieser Fledermaus entspricht drei Vierteln ihrer Körperlänge. Sie sind so lang, dass eine junge Langohrfledermaus ihre Ohren erst dann aufrecht halten kann, wenn sie alt genug ist, um zu fliegen. Im Winter schlafen die Tiere in Höhlen.

BRAUNES LANGOHR

Unterirdische Stadt
Waldameisen bauen aus den Nadeln der Nadelbäume und aus anderen Pflanzenteilen Nester (Ameisenhaufen). Den Winter verbringen sie im Boden unter dem Nest. Wenn sich eine Waldameise bedroht fühlt, spritzt sie aus Drüsen am Hinterleib scharfe Ameisensäure auf den Angreifer.

WALDAMEISE

Falsche Ohren
Die „Ohren" der Waldohreule sind nur Federbüschel. Die Öffnungen der Gehörgänge liegen seitlich am Kopf. Dank der lichtempfindlichen Augen und des scharfen Gehörs kann sie nachts jagen.

WILDKATZE

KIEFERNKREUZ-SCHNABEL

Streifenschwanz
Die Wildkatze ist eng mit der Hauskatze verwandt, ist aber etwas größer und hat einen dickeren, schwarz geringelten Schwanz. Sie jagt nachts kleine Säuger, Vögel und Insekten.

Über Kreuz
Der Kiefernkreuzschnabel reißt mit seinem kräftigen Schnabel mit den gekreuzten Spitzen Kiefernzapfen auf, um die Samen mit der hornigen Zunge herauszulecken. Alle paar Jahre verlassen Kreuzschnäbel ihre bisherigen Lebensräume und lassen sich in großer Zahl in neuen Gebieten nieder.

Geweihgefechte

In der herbstlichen Paarungszeit, Brunft genannt, kämpfen die männlichen Rothirsche gegeneinander um Weibchen. Das Geweih wird jedes Jahr abgestoßen und rechtzeitig zur nächsten Paarungszeit wächst ein neues.

ROTHIRSCH

RIESEN-HOLZ-SCHLUPF-WESPE

Lebendfutter

Das Weibchen der Riesen-Holzschlupfwespe legt seine Eier in den Larven der Holzwespe ab. Wenn die jungen Maden geschlüpft sind, fressen sie die Wespenlarven.

Kletterkünstler

Bei der nächtlichen Jagd auf Beute „fliegt" der Baummarder oft von Baum zu Baum. Mit den kräftigen Beinen, breiten Pfoten und langen Krallen klettert er gut. Der Schwanz hilft das Gleichgewicht zu halten.

Stinkender Schutz

Bei Gefahr gibt der Iltis aus Drüsen unter seinem Schwanz eine übel riechende Flüssigkeit ab, mit der er auch sein Revier markiert. Dieser Geruch sagt anderen Iltissen, dass sie sich fern halten sollen.

BAUMMARDER

ILTIS

TIERQUIZ

✦ Wodurch unterscheidet sich die Wildkatze von der Hauskatze?

✦ Warum kann die Waldohreule nachts jagen?

✦ Wovon ernähren sich die Larven der Riesen-Holzschlupfwespe?

✦ Wie lang sind die Ohren des Braunen Langohrs?

✦ Wann gibt der Iltis eine stinkende Flüssigkeit ab?

✦ Wie trägt der Fischadler Fische?

✦ Ist saurer Regen für Nadelwälder schädlich?

Die Winter in Nordeuropa sind bitterkalt.

Baummarder

Fischadler

Kiefernkreuzschnabel

ONEGA-SEE

LADOGA-SEE

Braunes Langohr

S K A N D I N A V I E N

N O R D S E E

Wildkatze

Waldameise

Die vielen Seen in den Wäldern Nordeuropas versorgen die Tiere mit Wasser.

Iltis

Waldohreule

O S T S E E

B R I T I S C H E   I N S E L N

Riesen-Holzschlupfwespe

Weichsel-

N O R D

Oder

E U R O P A

ÄRMELKANAL

Rothirsch

ARDENNEN

SCHWARZWALD

Donau

Nadelwälder werden auch für die Holzproduktion angepflanzt.

MISCHWÄLDER

IE MISCHWÄLDER Europas bieten einer artenreichen Tierwelt Nahrung und Schutz. Auf jedem Baum lebt eine Welt im Kleinen. Insekten ernähren sich von den Blättern, Vögel und Säugetiere haben in Stamm und Ästen ihre Nester und in dem alten Laub auf dem Waldboden leben Kugelasseln und Käfer. Das Wetter ändert sich mit den Jahreszeiten und beeinflusst die Lebensweise der Tiere. Im Frühling beginnt neues Leben. Im Sommer ist das Nahrungsangebot sehr groß. Wenn im Herbst die Bäume ihr Laub verlieren, fressen sich viele Tiere dick und rund oder legen Vorräte für den Winter an.

Raupenkost

Wenn Blaumeisen im Frühjahr und Sommer ihre Jungen aufziehen, füttern sie sie v. a. mit Raupen. Die Eltern schleppen bis zu 10 000 Futterportionen herbei. Im Winter suchen Blaumeisen zusammen mit anderen Vögeln nach Futter.

BLAU-MEISE

ATLANTIK
B R I T I S C H E
I N S E L N
IRISCHE SEE
N O R . . . S E
Blaumeise
Kleiber
Mauswiesel
Dachs
E
ÄRMELKANAL
Hirschkäfer
Buntspecht
Loire
Wildschwein
Rhône

KLEIBER

Starker Schnabel

Kleiber klemmen oft Nüsse in Rindenspalten ein und schlagen sie mit dem Schnabel auf. Als einziger Vogel kann der Kleiber Stämme mit dem Kopf voran hinunterlaufen.

HIRSCH-KÄFER

Kleines Geweih

Die Mundwerkzeuge des männlichen Hirschkäfers sehen wie ein Geweih aus. Er kämpft damit gegen Rivalen.

Durch die Wälder fließen viele Flüsse.

EUROPÄISCHER DACHS

Guter Gräber

Mit ihren kräftigen Vorderpfoten und langen Krallen graben Dachse Baue. In diesen Bauen leben mehrere Generationen von Dachsen zusammen. Manche Baue sind jahrhundertealt. Beim Graben verschließen die Dachse Ohren und Nase.

Superschnauze

Das Wildschwein ist mit dem Hausschwein verwandt. Mit der empfindlichen Schnauze sucht es am Waldboden nach Pflanzen und kleinen Tieren.

DAMHIRSCH

Sommerkleid

Zur Tarnung im Laub haben Damhirsche im Sommer deutliche weiße Flecken. Das Winterfell ist dunkler.

WILD-SCHWEIN

Geschäftiges Kerlchen

Bei seinen Sprüngen von Baum zu Baum setzt das Eichhörnchen den Schwanz wie eine Balancierstange ein. Wenn es mit dem Schwanz zuckt, ist das für Artgenossen ein Alarmsignal. Baumstämme klettert es mit dem Kopf voran hinunter.

EICHHÖRNCHEN

Stachelpanzer

Ein Igel hat auf seinem Rücken bis zu 5000 Stacheln. Stacheln sind umgebildete Haare. Obwohl sie hohl sind, sind sie sehr fest und haben scharfe Spitzen. Bei Gefahr rollt sich der Igel zu einem Ball zusammen, um den verletzlichen Bauch zu schützen. Bei den Jungen sind die Stacheln noch weich.

WESTEUROPÄISCHER IGEL

Kletterkrallen

Der Buntspecht hat scharfe, gebogene Krallen, mit denen er sich an der Rinde gut festhalten kann. Mit den steifen Schwanzfedern stützt er sich beim Klettern am Stamm ab.

BUNTSPECHT

D E

Damhirsch

Igel

Eich-hörn-chen

Elbe

U R O P A

Rhein

Rotfuchs

Waldkauz

Haselmaus

Donau

A L P E N

Im toten Laub finden Insekten Nahrung.

WALDKAUZ

Licht fällt durch Lücken zwischen den Bäumen.

HASELMAUS

Auf leisen Flügeln

Der Waldkauz jagt in der Nacht. Er hat weiche, an den Rändern fransige Schwungfedern, mit denen er lautlos fliegen kann. Er sieht auch im Dunkeln gut und hat ein ausgezeichnetes Gehör. Seine Beute sind v. a. Mäuse.

Winterschläfer

Im Winter hält die Haselmaus in einem warmen Nest Winterschlaf. Im Herbst frisst sie so viel wie möglich, um Reserven für den Winter anzulegen. Dabei verdoppelt sie ihr Gewicht manchmal.

Schlanker Jäger

Das Mauswiesel hat einen lang gestreckten, schlanken Körper. Deshalb kann es in die Baue seiner Beutetiere eindringen.

MAUS-WIESEL

ROTFUCHS

Allesfresser

Rotfüchse sind überwiegend nachtaktiv. Sie fressen so gut wie alles, von Kaninchen und Regenwürmern bis hin zu Fischen und Äpfeln. Außer im Wald leben heute viele Füchse in Städten.

SÜDEUROPA

DIE LÄNDER Südeuropas liegen an der nördlichen Mittelmeerküste. Die Sommer sind hier heiß und trocken, die Winter kühler und feuchter. Die vorherrschende Landschaftsform dieser Region ist trockenes Buschland. Weite Teile Südeuropas sind dicht besiedelt und im Sommer kommen zusätzlich viele Urlauber hierher. Die meisten früheren Wälder wurden abgeholzt und das Meer ist an vielen Stellen verschmutzt. Doch gibt es immer noch Rückzugsgebiete für die Tierwelt, wie die Alpen und die Pyrenäen, die Sümpfe von Coto Doñana in Spanien und die französische Camargue. In diesen geschützten Gebieten leben auch seltene Arten, wie die Gämse und der Pardelluchs.

BARTGEIER

Knochenbrecher
Der Bartgeier ernährt sich von den Knochen toter Tiere. Er fängt nicht eher zu fressen an, bis Geier anderer Arten das Fleisch heruntergepickt haben. Manchmal lässt der Bartgeier die Knochen aus großer Höhe hinunterfallen, damit sie beim Aufschlagen brechen und er das darin enthaltene Mark fressen kann.

OLM

Kletterfüße
Die trittsichere Gämse lebt in den felsigen Bergregionen des südlichen Europa. Sie hat kräftige Beine und unter jedem Huf ein weiches Polster, das auf glatten oder steilen Oberflächen ihren Halt verbessert. Gämsen haben auch ein ausgezeichnetes Gleichgewichtsgefühl.

GÄMSE

Blinder Höhlenbewohner
Der Olm oder Höhlensalamander lebt in unterirdischen Teichen. Er hat keine Augen, weil es dort, wo er lebt, kein Licht gibt.

BRAUN-BÄR

Kurzsichtiger Bär
Der Braunbär ist kurzsichtig und deshalb bei der Nahrungssuche auf seinen Geruchssinn angewiesen. Er lebt in den Gebirgen Südeuropas, ist aber selten geworden. Er ernährt sich hier überwiegend von Pflanzen und setzt die Krallen zum Graben ein.

Lustiger Vogel
Junge Wiedehopfe vertreiben Fressfeinde, die sich dem Nest nähern, indem sie einen stechenden Geruch erzeugen, laut zischen und die Schnäbel hochrecken.

WIEDEHOPF

S Ü D

Wiedehopf

A L P E N

Pirol

GOLF VON BISCAYA

Dordogne

Garonne

Rosaflamingo

Douro

Gämse

Braunbär

Bartgeier

KORSIKA

SARDINIEN

Kleinfleck-Ginsterkatze

Magot

BALEAREN

Pardelluchs

FELS VON GIBRALTAR

Mittelmeer-Mönchsrobbe

M   I   T

ATLANTIK

Eine verbreitete Landschaftsform ist trockenes Gebüsch (Macchia).

N O R D

TIERQUIZ

✦ Warum hat der Olm keine Augen?

✦ Wie heißt eine der seltensten Robben?

✦ Der Bartgeier ernährt sich von Knochen. Wie kommt er an das Mark im Inneren heran?

✦ Auf welchem Felsen leben Magots?

✦ Warum hat das Pirolweibchen ein grünes Gefieder?

KLEINFLECK-GINSTERKATZE

Gefleckter Jäger
Die Kleinfleck-Ginsterkatze schläft tagsüber und jagt nachts kleine Säugetiere, Vögel in ihren Nestern, Reptilien und Insekten. Augen, Gehör und Geruchssinn sind bei ihr sehr gut entwickelt.

Filterschnabel
Dieser Flamingo ernährt sich von Krabben und anderen Kleintieren. Mit den Lamellen im Schnabel filtert er sie aus dem Wasser.

ROSAFLAMINGO

Affe von Gibraltar
Magots leben auf dem Fels von Gibraltar, aber niemand weiß, wie sie dorthin kamen. Die Römer könnten sie aus Nordafrika mitgebracht haben.

MAGOT

PARDELLUCHS

Flügelschleppe
Die Fadenhaft hat lange, dünne Hinterflügel, die sie im Flug wie eine Schleppe hinter sich herzieht. Männchen fliegen auf und ab und zeigen ihre Flügel.

FADENHAFT

Seltene Katze
Der Pardelluchs war früher weit verbreitet, aber durch Bejagung und Zerstörung seines Lebensraums nahmen die Bestände stark ab. Heute findet man ihn nur noch im Naturschutzgebiets Coto Doñana.

PIROL

Goldener Vogel
Das Pirolmännchen hat leuchtend gelbe und glänzend schwarze Federn. Mit diesem Federkleid lockt es das Weibchen an, das unauffällig grün gefärbt ist. Dadurch ist es beim Brüten gut getarnt.

EUROPA

Olm

Die Camargue ist ein Sumpfgebiet in Südfrankreich.

Fadenhaft

Meeresschildkröten und Robben suchen für die Fortpflanzung die Mittelmeerstrände auf.

Bedrohte Robbe
Die Mittelmeer-Mönchsrobbe ist zu einer der seltensten Robben der Welt geworden. Früher lebte sie an allen Mittelmeerküsten, doch Touristen verdrängten sie von den Stränden, an denen sie ruhte und ihre Jungen aufzog.

MITTELMEER-MÖNCHSROBBE

SIZILIEN

KRETA

MITTELMEER

AFRIKA

DIE SAHARA

DIE SANDWÜSTE Sahara erstreckt sich quer über Nordafrika und ist so groß wie die USA. Sie ist die größte Wüste der Welt. Am Tag liegen die Temperaturen sogar im Schatten über 50° C, in der Nacht aber ist es sehr, sehr kalt. Es regnet fast nie. Die Tiere, die in der Sahara leben, haben sich auf vielfältige Weise an diesen Lebensraum angepasst. Manche verbringen den Tag in ihrem Bau, andere können lange Zeit ohne Wasser auskommen.

Pelzige Pfoten
Die Sandkatze hat an der Unterseite der Pfoten dickes Fell. Dadurch sinkt sie im weichen Sand nicht ein und verbrennt sich nicht die Zehen. Mithilfe der großen Ohren ortet sie Geräusche ihrer Beute.

SANDKATZE

CHAMÄLEON

Farbenfrohes Reptil
Das Chamäleon ist ein Reptil und ernährt sich von Insekten. Es kann rasch die Farbe seiner Haut wechseln.

LANGOHRIGEL

Stacheltier
Dieser Igel verbringt den Tag in seinem Bau und jagt nachts. Er hat relativ lange Beine, sodass sein Bauch den Sand nicht berührt.

WÜSTENSKORPION

Superstachel
Skorpione verteidigen sich mit dem Stachel am Ende ihres Schwanzes. Der Stachel ist giftig und kann in nur sieben Minuten auch ein größeres Tier wie z. B. einen Hund töten.

MITTEL

ATLASGEBIRGE

Fennek

Schieferfalke

Dromedar

AHAGGAR

A F R

Langohrigel

ATLANTIK

In der Sahara gibt es mehrere trockene Bergregionen, in denen nur wenige Tiere und Pflanzen leben können.

Die »Ergs« genannten Sanddünen der Sahara können bis zu 180 m hoch sein.

Lauscher
Die Ohrmuscheln des Fennek können 15 cm lang sein. Ihre gut durchblutete Oberfläche strahlt Körperwärme ab – wie ein Heizkörper. So bleibt der Körper kühl.

FENNEK

Weitsprungchampion
Die Wüstenspringmaus ist so etwas wie ein Miniaturkänguru: Sie kann bis zu 2,5 m weit springen.

WÜSTENSPRINGMAUS

Fliegender Wasserträger

Nachtflughühner brauchen täglich Wasser, aber die Nestlinge können noch nicht zu Wasserstellen fliegen. Deshalb fliegt ihr Vater zu einem Wasserloch und setzt sich hinein, bis seine Bauchfedern vollgesogen sind. So bringt er Wasser zu den Jungen.

NACHTFLUGHUHN

Eiserne Reserve

Das Dromedar oder Einhöckerige Kamel kommt einige Wochen lang ohne Wasser aus. Sein Höcker besteht überwiegend aus Fett und dient bei Wasser- und Nahrungsknappheit als Energiereserve.

SKARA-BÄUS

Mistroller

Der Skarabäus oder Pillendreher ernährt sich vom Kot anderer Wüstenbewohner. Er rollt Kot zu einem Ball und gräbt diesen als Futter für seine Jungen ein. Die alten Ägypter sahen diese Käfer als heilig an.

MENDES-ANTILOPE

M E E R

Chamäleon

Wüsten-spring-maus

Nil

A R A B I E N

Sandkatze

NASSER-SEE

R O T E S

I   K   A

Wüsten-skorpion

Skara-bäus

M E E R

In der Sahara gibt es viele Felsplateaus, die »Hammadas«.

Mendes-antilope

Nachtflughuhn

DROMEDAR

Selten

Die Mendes-antilope hat lange, spiralige Hörner. Weil viele dieser Tiere wegen ihres Fells getötet wurden, ist sie heute selten.

Kühner Falke

Die Jungen des Schieferfalken schlüpfen im Spätsommer, in der Zeit, in der die Zugvögel die Sahara überfliegen. Die Falkeneltern fangen sie und verfüttern sie an ihre Jungen.

Fettschwanz

Der Afrikanische Dornschwanz ist eine Echse. Bei Futterknappheit kann er bis zu einem Monat von den Fettreserven in seinem Schwanz leben. Bei Gefahr läuft er mit dem Kopf voran in seinen Bau und schlägt mit dem Schwanz hin und her.

TIERQUIZ

+ Was tut der Dornschwanz, wenn ein Fressfeind ihn angreift?

+ Wie lange dauert es, bis das Gift eines Skorpions wirkt?

+ Wie viele Höcker hat ein Dromedar?

+ Wie sorgt der Nachtflughuhn-Vater für seine Jungen?

+ Wo liegt die Wüste Sahara?

+ Wovon lebt der Skarabäus?

SCHIEFER-FALKE

AFRIKANISCHER DORNSCHWANZ

REGENWÄLDER UND SEEN

In sicherer Rüstung

Das Langschwanz-Schuppentier ist mit einem Panzer aus Hornschuppen bedeckt, der es wie eine Rüstung vor Fressfeinden schützt. Der Greifschwanz, den es beim Klettern einsetzt, ist so kräftig, dass das Tier allein am Schwanz hängen kann.

LANG-SCHWANZ-SCHUPPENTIER

DIE TROPISCHEN REGENWÄLDER Afrikas bilden ein breites Band, das sich von Westafrika bis zum Rand der Zentralafrikanischen Schwelle zieht. In diesem Tal gibt es eine Reihe von Seen, die einer artenreichen Tierwelt Lebensraum bieten. Das warme, feuchte Klima der Regenwälder begünstigt ebenfalls die Artenvielfalt. Hier leben u.a. Okapis, Vögel, Frösche, Schlangen und Insekten. Leider wurden große Regenwaldgebiete abgeholzt, um z. B. Weideland zu gewinnen und viele Tiere – z. B. Gorillas – sind nun vom Aussterben bedroht.

KLEINST-BÖCKCHEN

Sanfter Riese

Gorillas sind friedliche Pflanzenfresser und ernähren sich von Blättern, Stängeln, Rinde und Früchten. Sie leben in Gruppen von bis zu 30 Mitgliedern, die jeweils von einem erwachsenen Männchen angeführt werden. Untereinander verständigen sich Gorillas durch Laute und Gesten.

GORILLA

Bleistiftdünne Beine

Das winzige Kleinstböckchen ist nur so groß wie ein Kaninchen und seine Beine sind so dünn wie Bleistifte. Es ist die kleinste Antilope der Welt, kann aber auf der Flucht bis zu 2,7 m lange Sprünge machen.

Lange Zähne

Die Gabunviper ist eine extrem giftige Schlange. Die in ihren Drüsen angesammelte Giftmenge würde reichen, um 20 Menschen zu töten. Ihre Giftzähne sind bis zu 5 cm lang.

Mächtiger Jäger

Der Leopard hat so viel Kraft, dass er sogar getötete Beutetiere fortschleppen kann, die fast so viel wie er wiegen. Er bringt große Fleischstücke auf Baumäste, wo sie vor Aasfressern sicher sind.

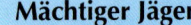

GABUNVIPER

OKAPI

Streifenmuster

Die Streifen an den Beinen des Okapi tarnen es, wenn es zwischen Bäumen steht. Auf diese Weise bemerken Fressfeinde wie z. B. der Leopard es nicht. Seine Zunge ist so lang, dass es sich damit die Augen säubern kann.

LEOPARD

TIERQUIZ

+ Wie entkommt der Goliathfrosch hungrigen Fressfeinden?

+ Welches Tier benutzt Werkzeug?

+ Warum kann das Afrikanische Blatthühnchen über Wasser laufen?

+ Wie verständigen sich Gorillas mit Artgenossen?

+ Wo bewahrt der Leopard sein Futter auf?

Mund auf!

Flusspferde kämpfen häufig gegeneinander. Um einem Rivalen zu drohen, öffnet ein Flusspferd weit das Maul und zeigt die langen Zähne. Den Tag verbringen Flusspferde im Wasser von Seen und Flüssen oder auf Sandbänken. Nachts weiden sie an den Ufern. Ein Flusspferd kann in einer Nacht bis zu 80 kg Gras und Pflanzenteile fressen. Zwischen den Zehen hat es Häute, die das Schwimmen erleichtern. Es kann bis zu sechs Minuten unter Wasser bleiben.

FLUSSPFERD

SCHIMPANSE

AFRIKANISCHES BLATTHÜHNCHEN

GOLIATHFROSCH

Wasserläufer

Die langen Zehen des Afrikanischen Blatthühnchens verteilen sein Gewicht so gut, dass es auf den Blättern von Pflanzen laufen kann, die auf dem Wasser schwimmen.

Dicker Springer

Dank seiner langen Hinterbeine kann der Goliathfrosch über 3 m weit springen, um sich bei Gefahr in Sicherheit zu bringen. Die kurzen Vorderbeine dämpfen die Landung ab.

Werkzeuggebrauch

Schimpansen sind äußerst intelligent und zählen zu den wenigen Tieren, die Werkzeug gebrauchen. Für die Nacht bauen sie sich Schlafnester aus Ästen und Zweigen.

Ein großer Teil des afrikanischen Regenwalds liegt im Kongobecken.

AFRIKANISCHE RIESENSCHNECKE

Superschnecke

Die Afrikanische Riesenschnecke frisst Pflanzen. Mit der rauen Zunge reibt sie kleine Pflanzenteile ab. Am Ende ihrer langen Fühler sind Augen, die den Unterschied zwischen hell und dunkel wahrnehmen. An den kurzen Fühlern sind Geruchs- und Geschmackssensoren.

Afrika-Karte

Langschwanz-Schuppentier

Kleinstböckchen

ATLANTIK

Goliathfrosch

Niger

TSCHADSEE

A F R I K A

Leopard

Schimpanse

Afrik. Riesenschnecke

Gabunviper

Okapi

Gorilla

Afrik. Blatthühnchen

VICTORIASEE

Weißer Nil

Blauer Nil

GOLF VON ADEN

ZENTRALAFRIK. GRABEN

Flusspferd

TANGANJIKASEE

Der Zentralafrik. Graben ist ein an manchen Stellen 1250 m tiefes Tal.

MALAWISEE

Sambesi

IND. OZEAN

An den Seen leben Flamingos.

DIE SAVANNE

DAS WOGENDE GRASLAND der afrikanischen Savanne ist die letzte Region der Welt, in der man heute noch große Herden wild lebender Pflanzenfresser antreffen kann. Es gibt zwei Jahreszeiten: die Regen- und die Trockenzeit. Zu Beginn der Trockenzeit versammeln sich gewaltige Herden und legen weite Strecken zurück, um frische Weiden und Wasserstellen zu finden. Die meisten dieser Pflanzenfresser ernähren sich von Gras, doch hat sich jede Art auf besondere Teile davon spezialisiert, sodass keine Nahrungskonkurrenz entsteht. Von den Pflanzenfressern leben wiederum die Raubtiere der Savanne.

Knochenknacker
Hyänen haben äußerst kräftige Kiefer, mit denen sie auch Knochen brechen können. Sie jagen in kleinen Gruppen u.a. Gnus und Zebras, fressen aber auch Tiere, die von anderen Raubtieren getötet wurden.

TÜPFELHYÄNE

KRIEGER-TERMITE

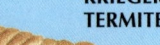

Wilder Krieger
Die Kriegertermite verteidigt ihr Termitenvolk energisch. Mit dem Kopf und den Mundwerkzeugen rammt und verletzt sie Angreifer.

Wanderlust
Auf der Suche nach frischem Gras wandern Gnus tausende von Kilometern weit. Wenn sie unterwegs rasten, wählt sich jedes Männchen ein Revier, das es gegen andere verteidigt.

STREIFENGNU

Sicherheit in der Gruppe
Zebras leben gewöhnlich in Familiengruppen, doch in der Trockenzeit versammeln sie sich zu großen Herden. So können Feinde dem einzelnen Tier weniger anhaben. Die Hengste keilen nach Raubtieren aus und können sie schwer verletzen.

BURCHELL-ZEBRA

GEPARD

AFRIK. ELEFANT

Kräftige Esser
Afrikanische Elefanten verbringen bis zu 16 Stunden am Tag damit, die Nahrung aufzunehmen, die ihr Körper benötigt. Ein ausgewachsener Bulle kann so viel wie 90 Menschen wiegen. Mit dem Rüssel pflücken Elefanten Blätter von den Zweigen. Manchmal werfen sie die Bäume auch einfach um.

Blitzschnell
Bei der Verfolgung ihrer Beute laufen Geparden auf kurzen Strecken unglaublich schnell: über 100 km/h. Diese Sprints machen sie aber auch sehr müde. Beutetiere töten sie mit einem Biss in die Kehle.

ATLANTIK

WEISSRÜCKEN-GEIER

Sauber bleiben
Weil Kopf und Hals des Weißrückengeiers fast nackt sind, bleiben sie sauber, wenn er den Schnabel beim Fressen tief in einen Tierkadaver steckt. Federn wären ihm dabei nur im Weg.

SPITZMAUL-NASHORN

Dick, aber schnell
Das Spitzmaulnashorn ist relativ schnell und erreicht im Galopp auf kurzen Strecken 48 km/h. Mit der langen, beweglichen Oberlippe reißt es Rinde, Zweige und Blätter ab.

LÖWE

Schläfriger Jäger
Löwen jagen überwiegend nachts und schlafen täglich bis zu 21 Stunden. Ihr Brüllen kann man bis zu 8 km weit hören. Sie leben in Rudeln, die aus miteinander verwandten Weibchen, ihren Jungen und einem oder mehreren Männchen bestehen.

Baumhoch
Weil sie einen so langen Hals hat, kommt die Giraffe auch an Blätter, die in bis zu 6 m Höhe in den Baumkronen wachsen – zu hoch für andere Tiere.

GIRAFFE

Mit dem Aufkommen von Regenwolken beginnt die Regenzeit.

Weißrückengeier

VICTORIA-SEE

Gepard

Burchell-Zebra

ZENTRALAFR. GRABEN

TANGANJIKA-SEE

Streifengnu

Afrik. Elefant

Scharlach-weber

Spitzmaul-nashorn

A F R I K A

Giraffe

Thomson-gazelle

MALAWISEE

Tüpfel-hyäne

Sambesi

Löwe

Akazien sind verbreitete Savannenbäume.

Krieger-termite

KALAHARI

Eine wandernde Gnuherde

INDISCHER OZEAN

SCHARLACH-WEBER

Springende Gazelle
Wenn eine Herde von Thomsongazellen Gefahr wittert, springen die Tiere in steifer Haltung auf und ab, um Feinde zu verwirren.

THOMSON-GAZELLE

Gewebtes Nest
Das Scharlachwebermännchen webt aus grünen Zweigen ein kompliziertes Nest, um ein Weibchen anzulocken. Damit die Eier und Jungen vor Fressfeinden sicher sind, hängt das Nest am Ende eines Zweigs.

MADAGASKAR

Die Insel Madagaskar war einst ein Teil Afrikas, bevor sie vor Millionen von Jahren vom Kontinent abgespalten wurde. In dieser langen Zeit der Isolation entwickelten sich auf der Insel einzigartige Tiere, wie z. B. die Lemuren. Andere Tierarten wiederum fehlen auf Madagaskar ganz, z.B. Giftschlangen. Auf Madagaskar gibt es viele unterschiedliche Lebensräume. An der Ostküste gedeihen tropische Regenwälder, der äußerste Süden dagegen ist eine Halbwüste. Ein Gebirge zieht sich von Norden nach Süden und das Hochplateau in der Inselmitte hat ein kühles Klima und ist von Grasland bedeckt.

LANGSCHNABEL-NEKTARJALA

Trinkhalm

Mit seinem langen, gebogenen Schnabel erreicht der Langschnabel-Nektarjala den Nektar, der tief in der Blüte versteckt ist. Um den süßen Nektar aufzusaugen, rollt er seine Zunge zu einem Röhrchen zusammen.

SIFAKA

Seltsame Rufe

Der Name des Sifaka gibt den Ruf wieder, mit dem dieser Lemur seine Artgenossen vor Gefahren warnt: »Schi-fakh! Schi-fakh!«. Sifakas verbringen einen Großteil des Tages damit, zu ruhen und mit weit ausgebreiteten Armen möglichst viel Sonnenwärme abzubekommen. Die Beine sind länger als die Arme und ermöglichen 5 m weite Sprünge.

KATTA

Kinderreichtum

Das Weibchen des Großen Tanrek bringt von allen Säugetieren die größten Würfe zur Welt: Sie bekommt bis zu 32 Babys auf einmal, von denen gewöhnlich 16 bis 20 überleben. Das Fell dieses Tanreks besteht aus steifen Haaren und Stacheln. Bei Gefahr sträubt das Tier das Fell und zischt.

GROSSER TANREK

Duftsignale

Kattas markieren ihre Reviere mithilfe von Duftdrüsen an Handgelenken und Achselhöhlen. Artgenossen halten sich dann von diesen Gebieten fern. Männchen halten mit ihren Rivalen regelrechte »Stinkkämpfe« ab, bestreichen den Schwanz mit dem Sekret und schütteln ihn so, dass der Geruch zum anderen hinüberweht. Solche Kämpfe können Stunden dauern.

TIERQUIZ

+ Wie viele verschiedene Arten von Stabschrecken findet man auf Madagaskar?

+ Madagaskar spaltete sich von einem Kontinent ab. Von welchem?

+ Warum ist das Aye-Aye heute bedroht?

+ Warum konnte sich die Fossa ausbreiten?

AYE-AYE

Ohren in Übergröße

Das Aye-Aye oder Fingertier ist ein Lemur. Es hat große Ohren und hört sogar die Bewegungen von Insekten unter der Baumrinde. Mit seinen langen dünnen Fingern holt es Maden aus Löchern in der Rinde heraus. Es frisst auch pflanzliche Kost und verbringt sein Leben fast nur in den Bäumen. Durch die Vernichtung ihrer Lebensräume ist die Art heute bedroht.

INDRI

Lauter Lemur
Der Indri ist der größte Lemur
– und auch der lauteste. Seine
klagenden Rufe sind 3 km
weiter noch zu hören, und
wenn eine ganze Familie
ruft, gibt das einen ohren-
betäubenden Lärm.

Quastenflosser

*Ebenen wie diese sind
typisch für die Land-
schaft der Ostküste.*

TSARATANANA-
MASSIV

Aye-Aye

Parsons
Chamäleon

Kleibervanga

Betsiboka

Fossa

**STAB-
SCHRE-
CKE**

*Im zentralen Hochland
wachsen v. a. Gräser.*

KLEIBERVANGA

Schnabel als Sonde
Der Kleibervanga ernährt sich von
Insekten. Er lebt in den feuchten
Regenwäldern im Osten der Insel.
Mithilfe der scharfen Krallen klet-
tert er in den Bäumen herum
und bohrt mit dem Schnabel
in der Rinde nach Insekten.

Langschnabel-
Nektarjala

HOCHLAND

Mania

Indri

Inselinsekten
Auf Madagaskar
findet man etwa
80 verschiedene
Arten von Stab-
schrecken, die es
nirgendwo sonst
auf der Welt gibt.

QUASTENFLOSSER

**Lebendes
Fossil**
Man glaubte, der
Quastenflosser sei vor
über 70 Mio. Jahren ausgestorben, bis 1938 vor Madagaskar ein lebendes Exemplar
gefangen wurde. Der erste Fisch, der
vor Millionen von Jahren aus dem
Wasser an Land kroch, könnte so aus-
gesehen haben wie der Quastenflosser.

Großer
Tanrek

Sifaka

Katta

*Stab-
schrecke*

STRASSE VON MOSAMBIK

M A D A G A S K A R

IND. OZEAN

**PARSONS
CHAMÄLEON**

*Früher war Madagaskar
größtenteils von
Wäldern bedeckt.*

Kluger Kletterer
Der Schwanz der Fossa ist fast so lang wie
ihr übriger Körper und hilft ihr, beim Klet-
tern in den Bäumen das Gleichgewicht zu
halten. Die Fossa jagt Säugetiere, Vögel,
Reptilien und Insekten. Sie ist das auf
Madagaskar am stärksten verbreitete Raubtier.
Da es auf der Insel weder Katzen noch
Hunde gab, hatte sie keine Konkurrenz.

FOSSA

Zangenzehen
Die Hände und Füße von Parsons
Chamäleon sind wie Zangen: Jeweils
zwei Finger bzw. Zehen sind den
anderen gegenübergestellt. Dadurch
kann sich das Chamäleon gut an Ästen
festhalten. Chamäleons passen ihre
Farbe ihrer Stimmung an (z. B. wenn
sie Angst haben oder wütend sind)
oder auch ihrer Umgebung. Diese Tarnung schützt sie vor Fressfeinden und
erleichtert ihnen selbst die Jagd.

SIBIRIEN

DIE NADELWÄLDER Sibiriens in Nordasien bilden das größte Waldgebiet der Erde. Südlich dieser Wälder liegt der Baikalsee. Die dort lebenden Tiere waren Millionen von Jahre hindurch von der übrigen Welt abgeschnitten, viele kommen deshalb nirgendwo anders vor. Nördlich des Waldgürtels liegt die baumlose Tundra. Vor Einbruch des neun Monate dauernden Winters ziehen viele Tiere aus der Tundra nach Süden in die Nadelwälder und Vögel fliegen in wärmere Regionen. Der kurze Sommer ist eine Zeit des Nahrungsüberflusses. Dann ist es Tag und Nacht hell.

WOLF

Grusliges Geheul
Wölfe leben in Rudeln. Sie heulen, um andere Rudel aus ihrem Revier fern zu halten. In einem Rudel gibt es eine strenge Rangfolge. Der eigene Rang wird mit bestimmten Körperhaltungen deutlich gemacht.

Trompetensignal
Der Singschwan ist einer der lautesten Schwäne. Er stößt einen lauten, trompetenklangähnlichen Schrei aus, der über große Entfernungen zu hören ist. Diese Schwäne versammeln sich oft zu Schwärmen von hunderten von Vögeln. Sie ziehen ihre Jungen in der Tundra und an Waldseen auf.

Einzige Robbe
Die Baikal-Ringelrobbe ist die einzige Süßwasserrobbe der Welt. Sie ist mit den Ringelrobben des Nordpolarmeers verwandt. Vermutlich schwammen ihre Vorfahren vor Millionen von Jahren die Lena hinauf in den Baikalsee.

Siegelwachs
Der Seidenschwanz hat rote Flecken auf seinen Flügeln, die aussehen wie Siegellacktupfen. Er ernährt sich überwiegend von Beeren und verdaut seine Nahrung sehr rasch. Samen passieren sein Verdauungssystem in nur 16 Minuten.

SINGSCHWAN

BAIKAL-RINGELROBBE

SEIDENSCHWANZ

Map labels:

NORDPOLARMEER

SEWERNAJA SEMLJA

NEUSIBIRISCHE INSELN

OSTSIBIRISCHE SEE

BERING-SEE

BARENTSSEE

KARASEE

LAPTEWSEE

NOWAJA SEMLJA

Sibirischer Lemming

Schnee-Eule

Arkt. Erdhörnchen

Unglückshäher

Lena

KAMTSCHATKA

OCHOTSKISCHES MEER

Zobel

Rentier

Seidenschwanz

Angara

SIBIRIEN

SACHALIN

Haselhuhn

Ob

Wolf

Jenissei

Lena

URALGEBIRGE

Der Baikalsee ist der tiefste und älteste See der Welt.

Singschwan

Baikal-Ringelrobbe

BAIKALSEE

Die sibirischen Wälder bedecken riesige Landflächen.

Gefahr aus der Luft

Die große, kräftige Schnee-Eule kann an einem Tag bis zu zehn Lemminge fangen und ist stark genug, Hasen zu fangen und zu töten. Das weiße Gefieder mit den schwarzen Tupfen tarnt sie im Schnee sehr gut.

Schneeschuh-Hufe

Das Rentier (in Amerika Karibu genannt) hat breite Hufe, die im Schnee nicht tief einsinken. Im Winter kratzt es den Schnee beiseite, um an die am Boden wachsenden Moose und Flechten zu kommen.

RENTIER

SCHNEE-EULE

SIBIRISCHER LEMMING

Umzug

Alle drei oder vier Jahre wächst der Bestand an Lemmingen so stark an, dass viele tausende von ihnen aufbrechen, um einen neuen Lebensraum zu suchen. Wenn sie sich einmal in Bewegung gesetzt haben, bleiben die Lemminge nicht mehr stehen. Viele werden unterwegs von Raubtieren gefressen, oder sterben an Hunger oder ertrinken. Nie aber begehen sie Selbstmord, wie oft behauptet wird.

ARKTISCHES ERD-HÖRNCHEN

Vorratskeller

Das Arktische Erdhörnchen trägt im kurzen arktischen Sommer in seinem unterirdischen Bau Vorräte zusammen und lagert sie in mehreren „Speisekammern", sodass es während des Winters immer wieder davon fressen kann. Außerdem frisst es viel, um Fettreserven anzulegen.

Geflecktes Gefieder

Die braunen Flecken auf den Federn des weiblichen Haselhuhns tarnen es, wenn es seine Eier ausbrütet. Das Haselhuhn hat kräftige Flugmuskeln. In ihnen ist Energie gespeichert, die bei großer Kälte zur Erhaltung der Körperwärme genutzt werden kann.

HASELHUHN

Modeopfer

Der Zobel hat ein wunderschönes dickes Fell und wurde deshalb beinahe ausgerottet. Auch heute noch werden Zobel wegen ihrer Felle in Pelztierfarmen gezüchtet. Andere wurden gezüchtet, um freigelassen zu werden. Deshalb ist die Art nicht mehr gefährdet.

ZOBEL

Zapfenfresser

Der Unglückshäher bricht mit dem Schnabel Zapfen auf, um an die Samen zu kommen. Die Anzahl dieser Vögel ist von der Menge von Zapfen abhängig: Wenn es wenige Zapfen gibt, nimmt die Zahl der Unglückshäher sehr stark ab. Bei Futterknappheit kommen sie in Städte und Dörfer und fressen Abfälle.

UNGLÜCKSHÄHER

TIERQUIZ

+ Wie bereitet sich das Arktische Erdhörnchen auf den Winter vor?

+ Wie heißt ist die einzige Süßwasserrobbe der Welt?

+ Nenne zwei Beutetiere der Schnee-Eule.

+ Wie setzt ein Rentier seine Hufe ein, um im Winter an Nahrung zu kommen?

+ Weshalb wurde der Zobel so stark bejagt, dass er beinahe ausstarb?

+ Wie zeigen Wölfe ihren Rang in der Gruppe an?

WÜSTE UND STEPPE

EIN AUSGEDEHNTES GRASLAND, die Steppe, erstreckt sich von der Ukraine über Zentralasien bis nach China hinein. Die Sommer sind hier sehr heiß und die Winter lang und kalt und von eisigen Nordwinden beherrscht. Früher lebten auf der Steppe riesige Herden von Pflanzenfressern, die aber durch Bejagung nahezu völlig vernichtet wurden. Einige der überlebenden Herden sind mittlerweile geschützt, doch wurden sie in die trockeneren Zonen abgedrängt. Die heute am häufigsten anzutreffenden Tiere der Steppe sind Nagetiere, die Baue anlegen. Südlich der Steppe liegen die Wüsten Zentralasiens. Tagsüber ist es hier glühend heiß, doch nachts fällt die Temperatur um bis zu 20° C.

TRAMPELTIER

Seltener Adler
Der Steppenadler nistet auf dem Boden, weil es in der Steppe so wenige Bäume gibt. Er ernährt sich v. a. von kleinen Nagetieren.

STEPPENADLER

Ein Höcker oder zwei?
Das Trampeltier ist ein Kamel mit zwei Höckern (während das Dromedar ein Kamel mit nur einem Höcker ist). Neben den zahmen Trampeltieren gibt es auch wilde, von denen eine kleinere Anzahl in der Wüste Gobi lebt. Kamele ertragen Hitze und Kälte sehr gut.

LEVANTEOTTER

Vorsicht Schlange!
Die Levanteotter ist eine Giftschlange. Sie tötet ihre Beute, indem sie sie beißt und ihr durch die langen hohlen Eckzähne Gift einspritzt. Wenn die Beute tot ist, verschlingt die Schlange sie ganz.

ONAGER

Rennesel
Der Onager oder Wildesel kann mit Spitzengeschwindigkeiten von 65 km/h und mehr so schnell galoppieren wie ein Rennpferd. Er kommt zwei bis drei Tage ohne Wasser aus und kann deshalb in Wüste und Steppe überleben.

HAMSTER

Backentaschen
Hamster ernähren sich von Körnern, Pflanzen und Insekten. Im Spätsommer legen sie Futtervorräte an, die sie in den Backentaschen in ihren Bau tragen. In diesem Bau, der aus einem System unterirdischer Gänge besteht, verbringen sie den Winter schlafend. Ab und zu wachen sie auf und fressen ein bisschen.

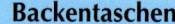

GELBWARAN

Hungrige Echse
Der Gelbwaran frisst so ziemlich alles, angefangen von anderen Echsen und Schildkröten bis hin zu Nagetieren und Mäusen. Manchmal frisst er sogar die eigenen Jungen. Er verschlingt seine Beute ganz, wie eine Schlange.

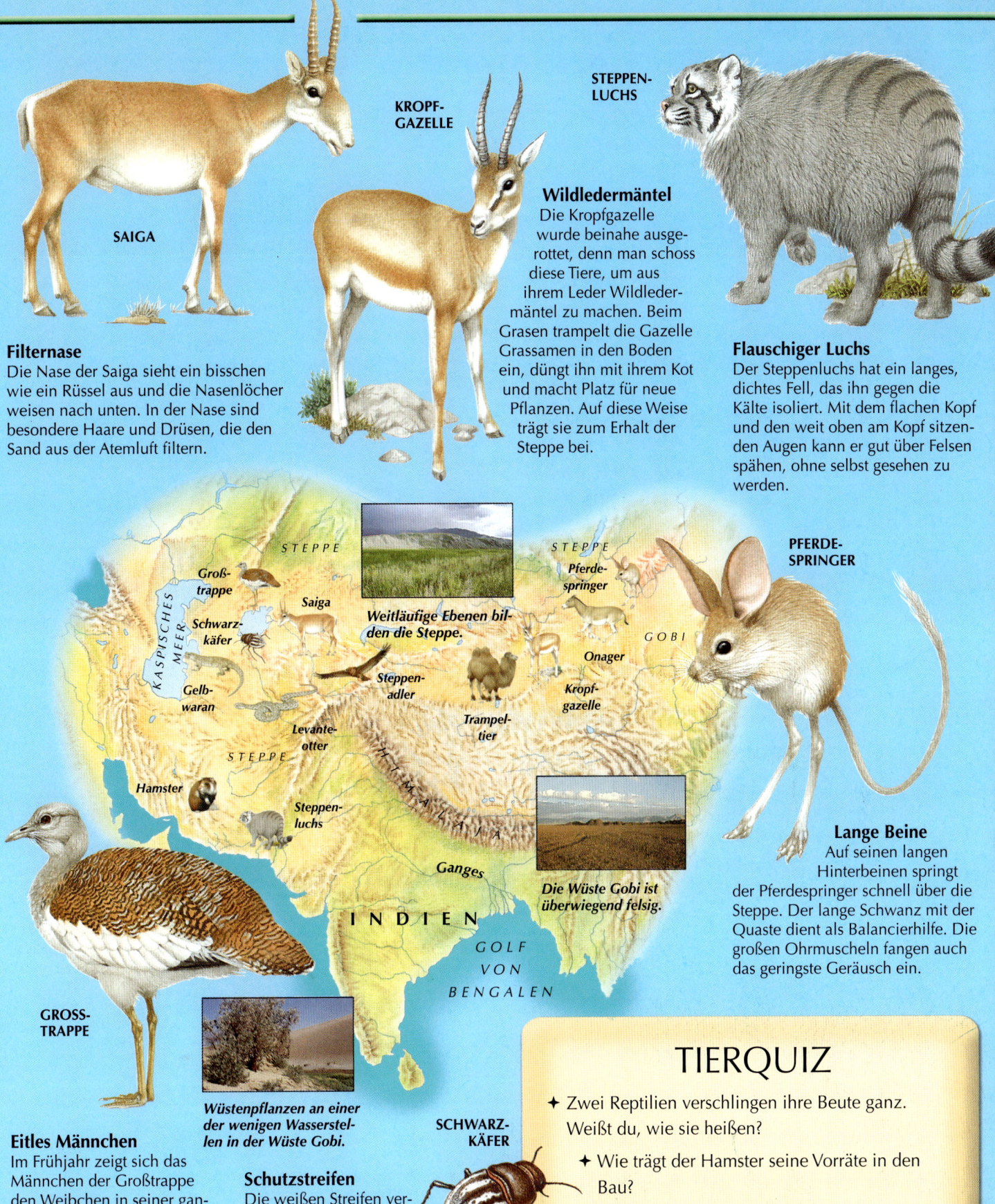

KROPF-GAZELLE

STEPPEN-LUCHS

SAIGA

Filternase
Die Nase der Saiga sieht ein bisschen wie ein Rüssel aus und die Nasenlöcher weisen nach unten. In der Nase sind besondere Haare und Drüsen, die den Sand aus der Atemluft filtern.

Wildledermäntel
Die Kropfgazelle wurde beinahe ausgerottet, denn man schoss diese Tiere, um aus ihrem Leder Wildledermäntel zu machen. Beim Grasen trampelt die Gazelle Grassamen in den Boden ein, düngt ihn mit ihrem Kot und macht Platz für neue Pflanzen. Auf diese Weise trägt sie zum Erhalt der Steppe bei.

Flauschiger Luchs
Der Steppenluchs hat ein langes, dichtes Fell, das ihn gegen die Kälte isoliert. Mit dem flachen Kopf und den weit oben am Kopf sitzenden Augen kann er gut über Felsen spähen, ohne selbst gesehen zu werden.

PFERDE-SPRINGER

STEPPE · STEPPE · Groß-trappe · Schwarz-käfer · Gelb-waran · Hamster · STEPPE · Levante-otter · Steppen-luchs · KASPISCHES MEER · Saiga · Steppen-adler · Trampel-tier · Onager · Kropf-gazelle · GOBI · Pferde-springer · Ganges · HIMALAYA · INDIEN · GOLF VON BENGALEN

Weitläufige Ebenen bilden die Steppe.

Die Wüste Gobi ist überwiegend felsig.

Lange Beine
Auf seinen langen Hinterbeinen springt der Pferdespringer schnell über die Steppe. Der lange Schwanz mit der Quaste dient als Balancierhilfe. Die großen Ohrmuscheln fangen auch das geringste Geräusch ein.

GROSS-TRAPPE

Wüstenpflanzen an einer der wenigen Wasserstellen in der Wüste Gobi.

SCHWARZ-KÄFER

Eitles Männchen
Im Frühjahr zeigt sich das Männchen der Großtrappe den Weibchen in seiner ganzen Pracht: Es bläht den Hals, legt die Schwanzfedern über den Rücken und breitet die Flügel aus.

Schutzstreifen
Die weißen Streifen verwischen optisch die Umrisse des Schwarzkäfers, sodass ihn Feinde nicht sehen.

TIERQUIZ
✦ Zwei Reptilien verschlingen ihre Beute ganz. Weißt du, wie sie heißen?

✦ Wie trägt der Hamster seine Vorräte in den Bau?

✦ Welches Tier läuft so schnell wie ein Pferd?

✦ Wo nistet der Steppenadler?

DER HIMALAJA

DER HIMALAJA ist eine gewaltige Gebirgskette, die sich durch Nordindien zieht. Ihre Berge sind die höchsten der Welt und viele Gipfel sind das ganze Jahr über von Eis und Schnee bedeckt. Je nach Höhe sind die Lebensräume hier sehr verschieden: Tropische Regenwälder bedecken die Vorgebirge, weiter oben wachsen Rhododendron- und Bambuswälder sowie Wiesen. Unterhalb der Gipfel findet man nur noch Tundra. In den höchsten Regionen können nur Insekten und Spinnen leben. Die meisten Tiere sind weiter unten anzutreffen, in den Wäldern und auf den Wiesen. Im Hochgebirge brauchen die Säugetiere ein dickes Fell und große Lungen.

TIERQUIZ

✦ Warum fällt dem Schneegeier manchmal das Auffliegen schwer?

✦ Wie überrascht der Burma-Baumdrache seine Fressfeinde?

✦ Welches Tier kugelt die Hänge herunter?

✦ Warum hat der männliche Blutfasan rote Streifen auf den Federn?

✦ Welche Tiere können im Gipfelbereich überleben?

BURMA BAUMDRACHE

Auffällige Farben
Wenn er ruht faltet der Burma-Baumdrache (*Bhutanidis thaidina*) die vorderen Flügel über die hinteren. Wird er von Fressfeinden gestört, lässt er die bunte Zeichnung aufblitzen, um sie zu erschrecken.

BLUTFASAN

Hochgebirgsraubtier
Der Schneeleopard ernährt sich von wilden Schafen und Ziegen, die im Hochgebirge leben. Wenn sie im Winter nach unten in die Wälder absteigen, folgt er ihnen. Schneeleoparden können Schluchten überspringen. Ihr dichtes Fell hält sie warm und die breiten Pfoten sinken im Schnee nicht tief ein. Erwachsene Tiere sind Einzelgänger mit großen Revieren.

SCHNEE-LEOPARD

Rote Streifen
Der Blutfasan heißt wegen der roten Streifen auf den Federn des Männchens so. Mit ihnen zieht er in der Paarungszeit die Aufmerksamkeit der Weibchen auf sich. Das Weibchen ist schlicht braun.

Lange Hörner
Das Männchen des Sibirischen Steinbocks hat lange Hörner. Es setzt sie in Rivalenkämpfen ein, bei denen die Gegner mit gesenkten Köpfen aufeinander losgehen. Steinböcke sind geschickte Kletterer.

SIBIRISCHER STEINBOCK

Schneegeier

Steppenmurmeltier

Blutfasan

Kragenbär

Sibirischer Steinbock

Markhor

Takin

Jak

Sutlej

Indus

Ganges

H I M A L A J A

I N D I E N

Üppige Wiesen auf den unteren Hängen liefern reichlich Nahrung.

Der Mount Everest ist der höchste Gipfel des Himalaja und der Welt.

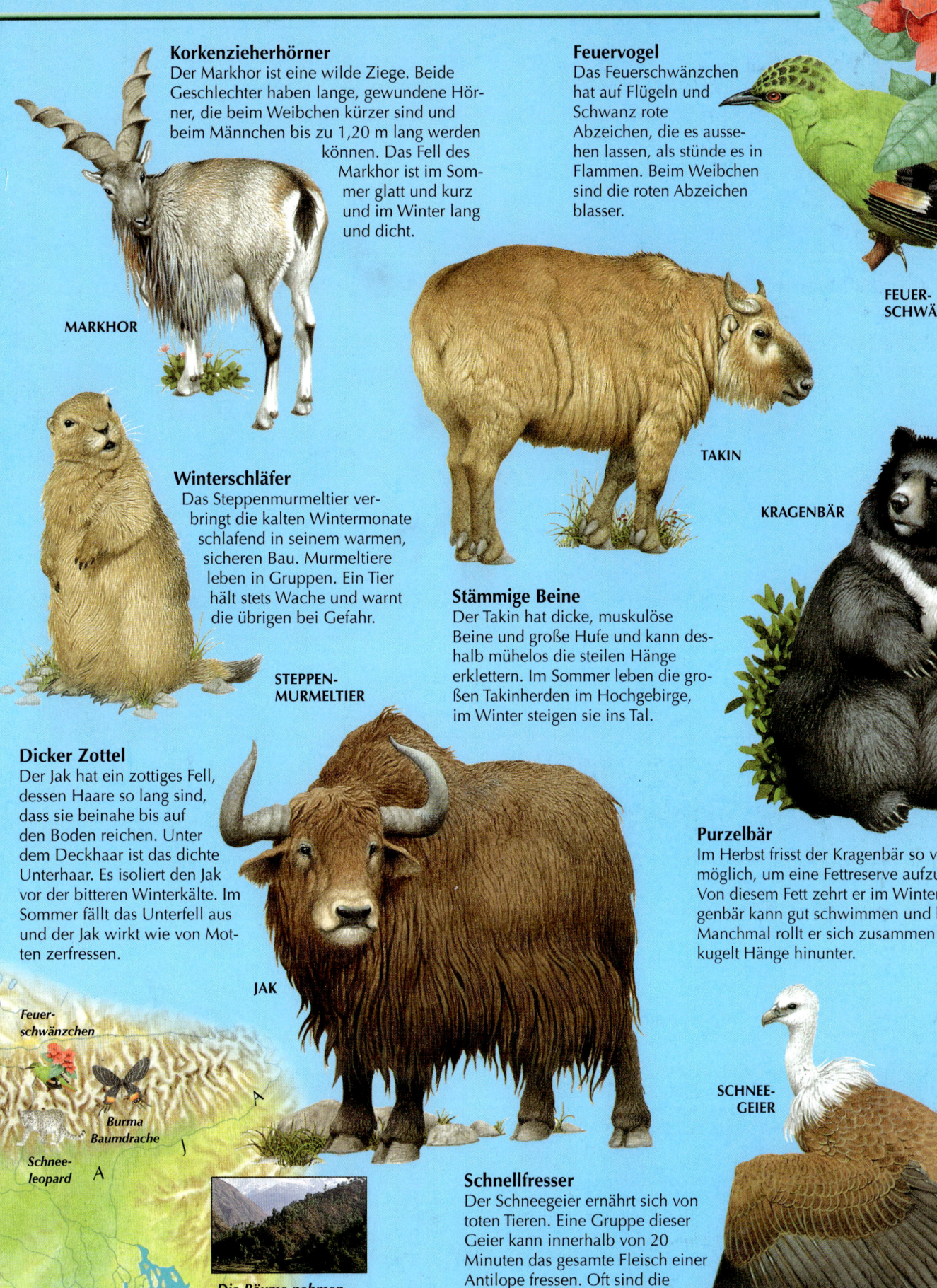

Korkenzieherhörner

Der Markhor ist eine wilde Ziege. Beide Geschlechter haben lange, gewundene Hörner, die beim Weibchen kürzer sind und beim Männchen bis zu 1,20 m lang werden können. Das Fell des Markhor ist im Sommer glatt und kurz und im Winter lang und dicht.

MARKHOR

Feuervogel

Das Feuerschwänzchen hat auf Flügeln und Schwanz rote Abzeichen, die es aussehen lassen, als stünde es in Flammen. Beim Weibchen sind die roten Abzeichen blasser.

FEUER-SCHWÄNZCHEN

TAKIN

KRAGENBÄR

Winterschläfer

Das Steppenmurmeltier verbringt die kalten Wintermonate schlafend in seinem warmen, sicheren Bau. Murmeltiere leben in Gruppen. Ein Tier hält stets Wache und warnt die übrigen bei Gefahr.

STEPPEN-MURMELTIER

Stämmige Beine

Der Takin hat dicke, muskulöse Beine und große Hufe und kann deshalb mühelos die steilen Hänge erklettern. Im Sommer leben die großen Takinherden im Hochgebirge, im Winter steigen sie ins Tal.

Dicker Zottel

Der Jak hat ein zottiges Fell, dessen Haare so lang sind, dass sie beinahe bis auf den Boden reichen. Unter dem Deckhaar ist das dichte Unterhaar. Es isoliert den Jak vor der bitteren Winterkälte. Im Sommer fällt das Unterfell aus und der Jak wirkt wie von Motten zerfressen.

JAK

Purzelbär

Im Herbst frisst der Kragenbär so viel wie möglich, um eine Fettreserve aufzubauen. Von diesem Fett zehrt er im Winter. Der Kragenbär kann gut schwimmen und klettern. Manchmal rollt er sich zusammen und kugelt Hänge hinunter.

SCHNEE-GEIER

Feuer-schwänzchen

Burma Baumdrache

Schnee-leopard

Die Bäume nehmen Regenwasser auf und halten das Erdreich fest.

Schnellfresser

Der Schneegeier ernährt sich von toten Tieren. Eine Gruppe dieser Geier kann innerhalb von 20 Minuten das gesamte Fleisch einer Antilope fressen. Oft sind die Geier danach fast zu schwer um aufzufliegen.

GOLF VON BENGALEN

DER FERNE OSTEN

CHINA IST EINES DER größten Länder der Welt. Im Sommer ist sein Klima von feuchten Monsunwinden bestimmt und im Winter von kalten Winden aus der Arktis. Gebirge und Wüsten bedecken zwei Drittel des Landes. In diese Gebiete haben sich seltene Arten zurückgezogen, z. B. der Große Panda und der Sibirische Tiger. Gegenüber der Ostküste Chinas liegen die japanischen Inseln. Trotz der dichten Besiedlung sind sie von großen Laubwäldern bedeckt.

Heiße Bäder

Rotgesichtsmakaken leben in Gruppen von bis zu 40 Tieren, die von einem Männchen angeführt werden. Gruppen, die in den kalten Bergen Nordjapans leben, wärmen sich im Winter durch Bäder in den heißen vulkanischen Quellen auf. Sie sitzen dann bis zum Hals im heißen Wasser. Andere Gruppen dieser intelligenten Affen haben gelernt ihre Nahrung vor dem Essen zu waschen.

ROTGESICHTSMAKAK

SIKAHIRSCH

Bambusliebhaber

Der Große Panda ernährt sich überwiegend von Bambus. Er knabbert täglich ungefähr 600 Bambusstängel und verbringt bis zu 16 Stunden am Tag mit Fressen. Unter seinem ersten Finger hat er einen knöchernen Höcker, der beim Greifen der Stängel hilft. Die Schleimhaut in seiner Kehle ist so dick, dass ihr die scharfen Bambussplitter nichts anhaben. Große Pandas sind Einzelgänger mit großen Revieren.

GROSSER PANDA

Weißes Warnzeichen

An der Hinterseite des Rumpfs hat der Sikahirsch weißes Fell, das sich bei Gefahr aufplustert. Artgenossen erkennen dies als Warnzeichen. Im Sommer ist das Fell kastanienbraun mit weißen Tupfen und tarnt den Sikahirsch im Wald gut. Im Winter sind die Tiere dunkler und weniger getupft.

GOLDFASAN

Prachtkragen

Das Männchen des Goldfasans hat einen bunten Federkragen. Um in der Paarungszeit den Weibchen zu gefallen, spreizt es die Federn fächerartig.

GEWÖHNL. SPITZHÖRN-CHEN

Hoch aktiv

Das Gewöhnliche Spitzhörnchen sieht vermutlich so aus wie die allerersten Säugetiere, die sich vor Millionen von Jahren entwickelten. Es ist ständig in Bewegung. Die Tiere leben paarweise und bauen sich auf dem Boden oder zwischen Wurzeln Nester.

TIERQUIZ

✦ Wie waschen sich Kleine Pandas?

✦ Wie verhält sich ein Sikahirsch bei Gefahr?

✦ Wie lange leben Salamander schon auf der Erde?

✦ Der Große Panda frisst am Tag bis zu 16 Stunden lang. Was frisst er?

✦ Wie unterscheidet sich der Sibirische Tiger von den Tigern, die in Indien und Indonesien leben?

Kletterpanda

Der Kleine Panda ist nachtaktiv und ein guter Kletterer. Er ernährt sich v.a. von Pflanzen und Früchten. Oft „wäscht" er sich wie eine Katze, indem er eine Pfote ableckt und damit über sein Fell streicht.

KLEINER PANDA

Sibirischer Tiger

PAZIFIK

Sikahirsch

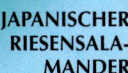

Rotgesichtsmakak

JAPANISCHES MEER

J A P A N

Der Huang He oder Gelbe Fluss fließt durch China.

Huang He

Großer Panda

C H I N A

China-Alligator

Jangtsekiang

OSTCHINESISCHES MEER

Japanischer Riesensalamander

JAPANISCHER RIESENSALAMANDER

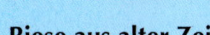

Kleiner Panda

Goldfasan

Dongting Hu

POYANG HU

Riese aus alter Zeit

Der Japanische Riesensalamander ist die größte Amphibie der Welt. Ähnliche Salamander lebten schon vor 300 Mio. Jahren auf der Erde, doch die heutigen Amphibien sind meist kleiner.

Moschushirsch

Gewöhnliches Spitzhörnchen

Xi Jiang

Bergwälder bedecken etwa 70% der japanischen Inseln.

T A I W A N

SÜDCHINESISCHES MEER

SIBIRISCHER TIGER

Große Pandas leben in den Bambuswäldern der chinesischen Provinz Sichuan.

H A I N A N

Größte Katze

Der Sibirische Tiger ist die größte und seltenste aller Großkatzen. Er ist größer, hat ein dichteres Fell und ist blasser gefärbt als die in Indien und Indonesien lebenden Tiger. Vermutlich leben nur wenige Hundert Sibirische Tiger in Freiheit.

Duftender Bauch

Das Männchen des Moschushirschs hat unten am Bauch eine Drüse, die in der Paarungszeit stark riechenden Moschus erzeugt. Viele Hirschböcke wurden wegen dieser Drüse getötet, denn der Moschus wird bei der Parfümherstellung verwendet.

CHINA-ALLIGATOR

Seltenheit

Der scheue China-Alligator ist sehr selten geworden, denn sein Lebensraum wurde weitgehend zerstört und die Tiere wurden eingefangen, um gezüchtet zu werden. Heute sind wohl nur noch einige Hundert wild lebende Alligatoren übrig. Sie leben am Unterlauf des Jangtse in Ostchina.

MOSCHUSHIRSCH

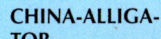

SÜDOSTASIEN & INDIEN

Das Klima Indiens wird von den Monsunwinden bestimmt. Im Sommer bringen sie schwere Regengüsse und Stürme. Im Winter ist das Wetter kühler und trockener. Indien bietet eine Vielfalt unterschiedlicher Lebensräume: An den Küsten sind Mangrovensümpfe, im Landesinneren gibt es Ebenen, Buschland und Laubwälder. In Indien treffen Arten zusammen, die auch im Fernen Osten und im Westen heimisch sind. Als Folge davon sind viele indische Tiere wie der Elefant und das Nashorn Tieren ähnlich, die in Südostasien oder in Afrika leben. Das Klima Südostasiens ist in der Regel das ganze Jahr über warm und feucht. Hier gedeihen tropische Regenwälder. Viele Tiere leben hoch oben in den Baumkronen, wo es heller ist und wo sie genügend Nahrung und Wasser finden.

SCHABRACKEN-TAPIR

Gute Nase
Mit der langen, rüsselartigen Nase findet der Schabrackentapir Triebe, Knospen und Früchte. Er ist sehr scheu und geht überwiegend nachts auf Nahrungssuche.

Angriffsstellung
Die Königskobra hat große Giftdrüsen. Sie ist eigentlich ein scheues und ruhiges Tier, wird aber aggressiv, wenn sie ihre Eier verteidigt. Um Fressfeinde zu vertreiben, richtet sie den vorderen Teil des Körpers auf, spreizt die Halsrippen ab und zischt.

KÖNIGS-KOBRA

INDISCHER ELEFANT

ATLAS-FALTER

Flügel mit Augen
Die Augenflecken auf den Flügeln des Atlasfalters können dazu dienen, Fressfeinde abzuschrecken, weil sie wie die Augen eines größeren Raubtieres aussehen.

Kleine Unterschiede
Der Indische oder Asiatische Elefant ähnelt seinem afrikanischen Verwandten, hat jedoch kleinere Ohren, einen runderen Rücken und an den Hinterfüßen vier Nägel anstatt drei. Nicht alle Männchen haben Stoßzähne und diese sind kürzer als bei Afrikanischen Elefanten.

Schwere Rüstung
Das Panzernashorn macht seinem Namen alle Ehre, denn die dicke Haut mit den tiefen Falten an den Gelenken lässt es wirklich aussehen, als trage es eine Rüstung. Panzernashörner leben allein und in der Nähe von Wasser, denn sie baden gerne. Weil das Horn in der chinesischen Medizin verwendet wird, wurde die Art beinahe ausgerottet.

PANZER-NASHORN

Indus
HIMALAJA
Indischer Pfau
Indischer Elefant
Panzernashorn
Narmada
INDIEN
ARAB. MEER
Godavari
Krishna
GOLF
BEN
Königskobra

*In den Wäldern Nord-
asiens leben sehr viele
verschiedene Tierarten.*

**Schweine-
schnauzen-
Fledermaus**

S Ü D O S T A S I E N

Irawadi

**Temminck-
Gleitflieger**

V O N

G A L E N

**Atlas-
falter**

*Mangrovensümpfe säu-
men die Küsten.*

Nasenaffe

B O R N E O

C E L É B E S

**Schabracken-
tapir**

Schlammspringer

S U M A T R A

Orang-Utan

Komodo-Waran

*Luftaufnahme des
Regenwalds auf Borneo*

**INDISCHER
PFAU**

Federfächer

Der männliche Indische Pfau kann seine
Federschleppe zu einem breiten zitternden
Fächer aufstellen, um die Aufmerksamkeit
der Pfauhenne auf sich zu ziehen. Die
großen „Augen"auf den Federn könnten
die Henne hypnotisieren. Nach der Paarungszeit fallen die Schwanzfedern aus.

Riesenreptil

Der seltene Komodo-Waran ist die
größte Echse der Welt. Er ernährt
sich von kleinen Hirschen, Affen,
Ziegen und Wasserbüffeln. Der
elastische Schädel erlaubt es
ihm, große Fleischstücke
ganz zu verschlingen.

**KOMODO-
WARAN**

Hautflügel

Der Temminck-Gleit-
flieger gleitet von Baum
zu Baum, indem er nach dem
Sprung Arme, Beine und Schwanz
streckt, um die daran angewachsenen
Hautlappen auszubreiten. Diese Haut-
falten behindern ihn beim Erklettern
der Bäume. Am Boden kann er sich
nicht aufrichten.

**TEMMINCK-
GLEIT-
FLIEGER**

**SCHWEINESCHNAU-
ZEN-FLEDERMAUS**

Kleinstes Säugetier

Die Schweineschnauzen-Fledermaus ist das
kleinste Säugetier der Welt. Weil sie nicht größer als eine Hummel ist, nennen sie manche
auch »Hummel-Fledermaus«.

Landfisch

Der Schlammspringer setzt
seine Brustflossen ein, um
über den Schlamm der
Mangrovensümpfe zu
kriechen. Durch Zusam-
menziehen des hinteren Teils
des Körpers kann er springen.

NASENAFFE

SCHLAMMSPRINGER

ORANG-UTAN

Lautsprechernase

Beim Fressen ist dem Nasen-
affen seine Nase immer ein
bisschen im Weg. Vermut-
lich dient sie als eine Art
von Lautsprecher, der die
Rufe der Männchen ver-
stärkt, mit denen sie Artgenossen vor Gefahren warnen.

Schwingende Arme

Die muskulösen Arme
der Orang-Utans rei-
chen fast bis zum
Boden. Orang-Utans
schwingen sich an Ästen
von Baum zu Baum.
Nachts schlafen sie in
den Bäumen in Nestern aus
Zweigen. Ihr Name bedeutet auf
Malaiisch „Waldmensch".

DAS OUTBACK

DIE WÜSTENÄHNLICHEN EBENEN des Outback bedecken über zwei Drittel des australischen Kontinents. Obwohl es zu jeder Jahreszeit regnen kann, erschweren lange Dürrezeiten den Tieren das Überleben. Manche Tiere schlafen während der heißesten Sommermonate unter der Erde. Andere Tiere kommen auch mit wenig Wasser oder ganz ohne Wasser aus.

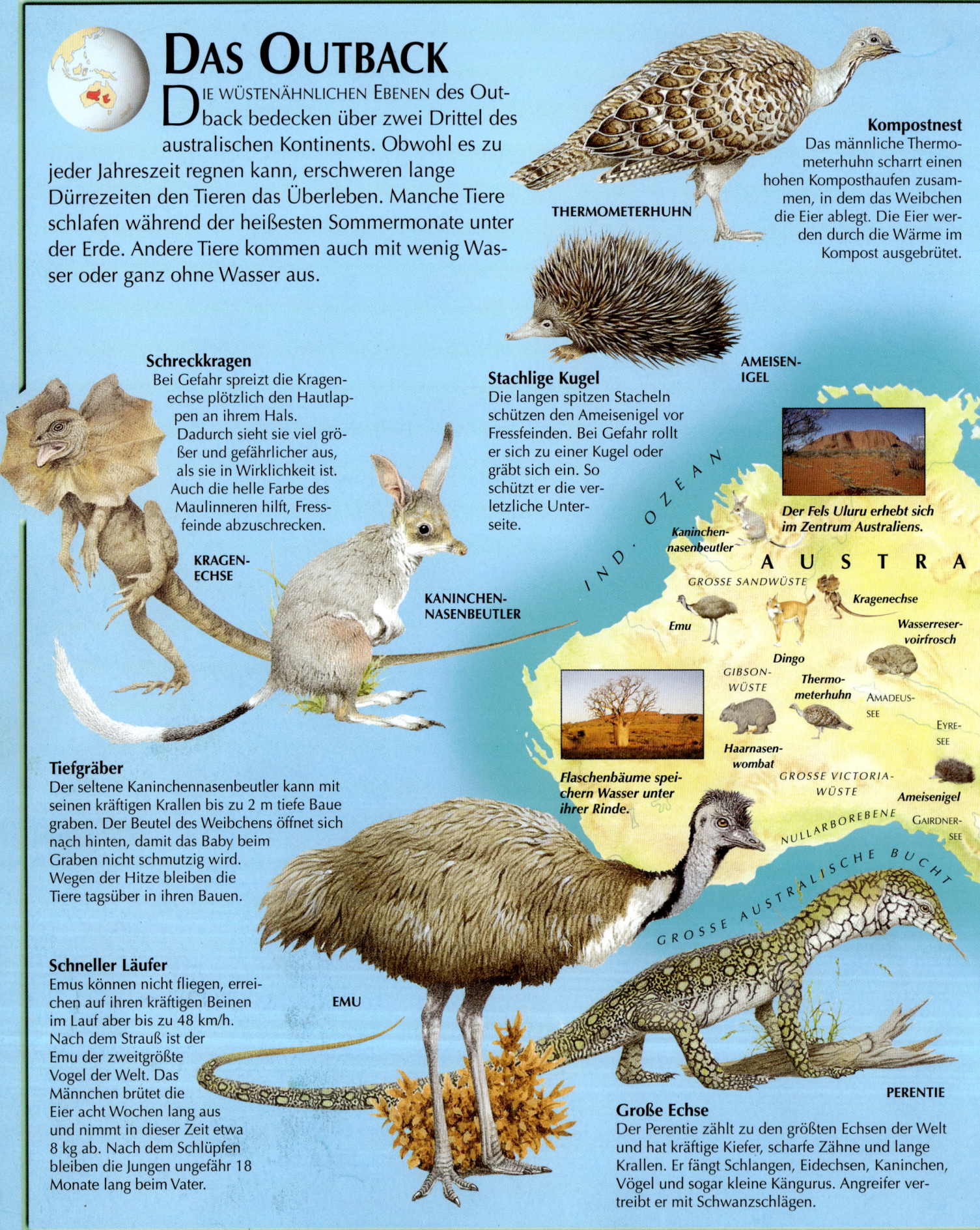

THERMOMETERHUHN

Kompostnest
Das männliche Thermometerhuhn scharrt einen hohen Komposthaufen zusammen, in dem das Weibchen die Eier ablegt. Die Eier werden durch die Wärme im Kompost ausgebrütet.

AMEISEN-IGEL

Schreckkragen
Bei Gefahr spreizt die Kragenechse plötzlich den Hautlappen an ihrem Hals. Dadurch sieht sie viel größer und gefährlicher aus, als sie in Wirklichkeit ist. Auch die helle Farbe des Maulinneren hilft, Fressfeinde abzuschrecken.

KRAGEN-ECHSE

Stachlige Kugel
Die langen spitzen Stacheln schützen den Ameisenigel vor Fressfeinden. Bei Gefahr rollt er sich zu einer Kugel oder gräbt sich ein. So schützt er die verletzliche Unterseite.

Der Fels Uluru erhebt sich im Zentrum Australiens.

KANINCHEN-NASENBEUTLER

IND. OZEAN

Kaninchen-nasenbeutler

A U S T R A

GROSSE SANDWÜSTE

Emu

Kragenechse

Wasserreser-voirfrosch

Dingo

GIBSON-WÜSTE

Thermo-meterhuhn

AMADEUS-SEE

EYRE-SEE

Haarnasen-wombat

GROSSE VICTORIA-WÜSTE

Ameisenigel

GAIRDNER-SEE

NULLARBOREBENE

Flaschenbäume speichern Wasser unter ihrer Rinde.

Tiefgräber
Der seltene Kaninchennasenbeutler kann mit seinen kräftigen Krallen bis zu 2 m tiefe Baue graben. Der Beutel des Weibchens öffnet sich nach hinten, damit das Baby beim Graben nicht schmutzig wird. Wegen der Hitze bleiben die Tiere tagsüber in ihren Bauen.

GROSSE AUSTRALISCHE BUCHT

Schneller Läufer
Emus können nicht fliegen, erreichen auf ihren kräftigen Beinen im Lauf aber bis zu 48 km/h. Nach dem Strauß ist der Emu der zweitgrößte Vogel der Welt. Das Männchen brütet die Eier acht Wochen lang aus und nimmt in dieser Zeit etwa 8 kg ab. Nach dem Schlüpfen bleiben die Jungen ungefähr 18 Monate lang beim Vater.

EMU

PERENTIE

Große Echse
Der Perentie zählt zu den größten Echsen der Welt und hat kräftige Kiefer, scharfe Zähne und lange Krallen. Er fängt Schlangen, Eidechsen, Kaninchen, Vögel und sogar kleine Kängurus. Angreifer vertreibt er mit Schwanzschlägen.

Fitter Springer

Das Rote Riesenkänguru macht auf seinen kräftigen Hinterbeinen lange Sätze, die es mit dem Schwanz ausbalanciert. Ein ausgewachsenes Männchen springt über 9 m weit. Nur beim Männchen ist das Fell rötlich. Das Weibchen ist blaugrau gefärbt. Die Hitze und Trockenheit des Outback ertragen die Tiere gut.

ROTES RIESEN-KÄNGURU

TIERQUIZ

✦ Anders als andere Hunde bellen Dingos nicht. Welche Laute geben sie von sich?

✦ Wie weit kann ein Känguru springen?

✦ Was tut eine Kragenechse, um gefährlich auszusehen?

✦ Können Emus fliegen?

BLAUZUNGENSKINK

Horrorzunge

Wenn sich ein Blauzungenskink bedroht fühlt, streckt er seine leuchtend blaue Zunge heraus und zischt. Manchmal lassen sich Fressfeinde dadurch abschrecken, obwohl der Skink in Wirklichkeit ziemlich harmlos ist.

KORALLENSEE

LIEN

Wüsten-teufel

Perentie

Blauzungen-skink

Darling

Rotes Riesenkänguru

Termitennester sind ein gewohnter Anblick.

GREAT DIVIDING RANGE

PAZIFIK

WÜSTEN-TEUFEL

Stachliges Monster

Der Wüstenteufel ist eine Echsenart. Er trinkt den Tau, der sich nachts auf seiner Haut sammelt. Der Tau läuft an feinen Falten seiner Haut entlang und in sein Maul hinein.

Wilder Hund

Dingos stammen von Jagdhunden ab, die Menschen vor etwa 8000 Jahren nach Australien begleiteten und später wieder verwilderten. Dingos jaulen und heulen, bellen aber nicht.

DINGO

BASS-STRASSE

TASMANIEN

HAARNASEN-WOMBAT

Geräumige Baue

Der Haarnasenwombat zieht sich vor der bei Tag herrschenden Hitze in seinen tiefen, bis zu 3 m langen Bau zurück. Diese Wombatart ernährt sich v. a. von Gras und kommt monatelang ohne Wasser aus.

Wasserspeicher

Der Wasserreservoirfrosch speichert in der Blase Wasser. Ein großer Frosch kann eine Wassermenge speichern, die der Hälfte seines Körpergewichts entspricht. Er bildet auch eine Außenhaut, die seinen Körper wie ein Wasserkokon umschließt.

WASSERRESERVOIR-FROSCH

REGENWÄLDER UND WÄLDER

DIE ÜPPIGEN TROPISCHEN Regenwälder Nordost-Australiens unterscheiden sich stark vom trockenen Landesinneren. In ihrem heißen, feuchten Klima fühlt sich eine erstaunliche Vielzahl von Tierarten wohl, von Baumkängurus bis hin zu Paradiesvögeln. Ähnliche Arten trifft man in den Regenwäldern des gegenüber von Nordost-Australien liegenden Neuguinea an. Im kühleren Südwesten und Südosten von Australien gedeihen Eukalyptuswälder.

TIERQUIZ

✦ Welcher Vogel weckt die Leute mit seinem Ruf?

✦ Zuckerhörnchen können weite Entfernungen zurücklegen. Wie ist ihnen das möglich?

✦ Woher hat die Trichternetzspinne ihren Namen?

✦ Wie heißt der größte Schmetterling der Welt?

✦ Was bedeutet der Name des Koala?

Vorsicht Gift!

Der Taipan ist eine der giftigsten Schlangen der Welt. Ein einziger Taipan hätte genügend Gift zur Verfügung, um 125 000 Mäuse zu töten.

TAIPAN

TRICHTER-NETZSPINNE

BAUM-KÄNGURU

Königin-Alexandra-Vogelfalter

Im Osten Neuguineas wächst dichter Regenwald.

Seidige Falle

Die Trichternetzspinne lebt in einem Bau mit trichterförmigem Eingang, den sie mit einem Netz auskleidet. Nachts kommt sie heraus und fängt kleine Tiere und Insekten. Durch die Mundwerkzeuge spritzt sie ihrer Beute Gift ein.

Noppensohlen

Das Baumkänguru hat breite Pfoten mit rauen Ballen und scharfen Krallen. Dies erleichtert ihm das Klettern in den Bäumen. Der Schwanz dient als Balancierhilfe und bei Sprüngen als Steuer.

An der australischen Küstenebene wachsen Palmen.

TANAMI-WÜSTE

Blauwangenlori

Bunter Tänzer

Der Blauwangenlori vollführt einen Tanz aus bestimmten Hüpfern und Putzbewegungen. Dadurch warnt er Artgenossen davor, in sein Revier einzudringen.

BLAUWAN-GENLORI

INDISCHER OZEAN

Ashburton

Gascoyne

A U S T R A L

AMADEUS-SEE SIMPSON-WÜSTE

△ ULURU

EYRESEE

TORRENSSEE

GAIRDNERSEE

Regenwald in den Bergen Ostaustraliens

ZUCKERHÖRN-CHEN

Pelzfallschirm

Das Zuckerhörnchen, auch Kurzkopfgleitbeutler genannt, hat Hautlappen zwischen Armen und Beinen, die es ausbreitet, um bis zu 50 m weit von Baum zu Baum zu gleiten.

Numbat

Honigbeutler

GROSSE AUSTRALISCHE BUCHT

Blattsalat

Koalabären sind sehr wählerische Esser: Sie fressen nur die Blätter bestimmter Eukalyptusarten. Sie haben Backentaschen, um die Blätter zu sammeln und einen besonders langen Darm, um sie zu verdauen. Sie nehmen die meiste Flüssigkeit, die sie brauchen, mit den Blättern auf und trinken kaum Wasser. Ihr Name kommt aus einer Sprache der Aborigines und bedeutet: „trinkt nicht".

KOALA

KÖNIGIN-ALEXANDRA-VOGELFALTER

Größter Schmetterling

Dies ist der größte Schmetterling der Welt Er ist sehr selten.

BLATT-SCHWANZ-GECKO

Unsichtbar

Der Blattschwanzgecko ist auf den moosigen Baumstämmen fast nicht zu sehen, so gut ist er getarnt.

Fantastische Federn

Um andere Männchen zu übertrumpfen und Weibchen anzulocken, zeigt der männliche Raggi-Paradiesvogel möglichst auffällig sein Gefieder. Dabei hängt er sogar kopfüber vom Ast.

NEUGUINEA

Raggi-Paradiesvogel

RAGGI-PARA-DIESVOGEL

Zucker-hörnchen

Baumkän-guru

Taipan

Blattschwanz-gecko

Koala

I E N

Lachender Hans

P A Z I F I K

Darling

Murray

Trichter-netzspinne

Blütenkost

Der Honigbeutler holt mit der Schnauze Pollen, Nektar und Insekten aus den Blüten.

HONIGBEUTLER

Gut bezahnt

Der Numbat leckt mit der langen Zunge Termiten und Ameisen auf. Er hat etwa 50 Zähne.

NUMBAT

LACHENDER HANS

Weckruf

Mit seinem lauten, wie Lachen klingenden Ruf hält der Lachende Hans Artgenossen aus seinem Revier fern. Morgens weckt er damit viele Leute auf. Er frisst Mäuse, Insekten und kleine Schlangen.

DAS BARRIEREREIFF

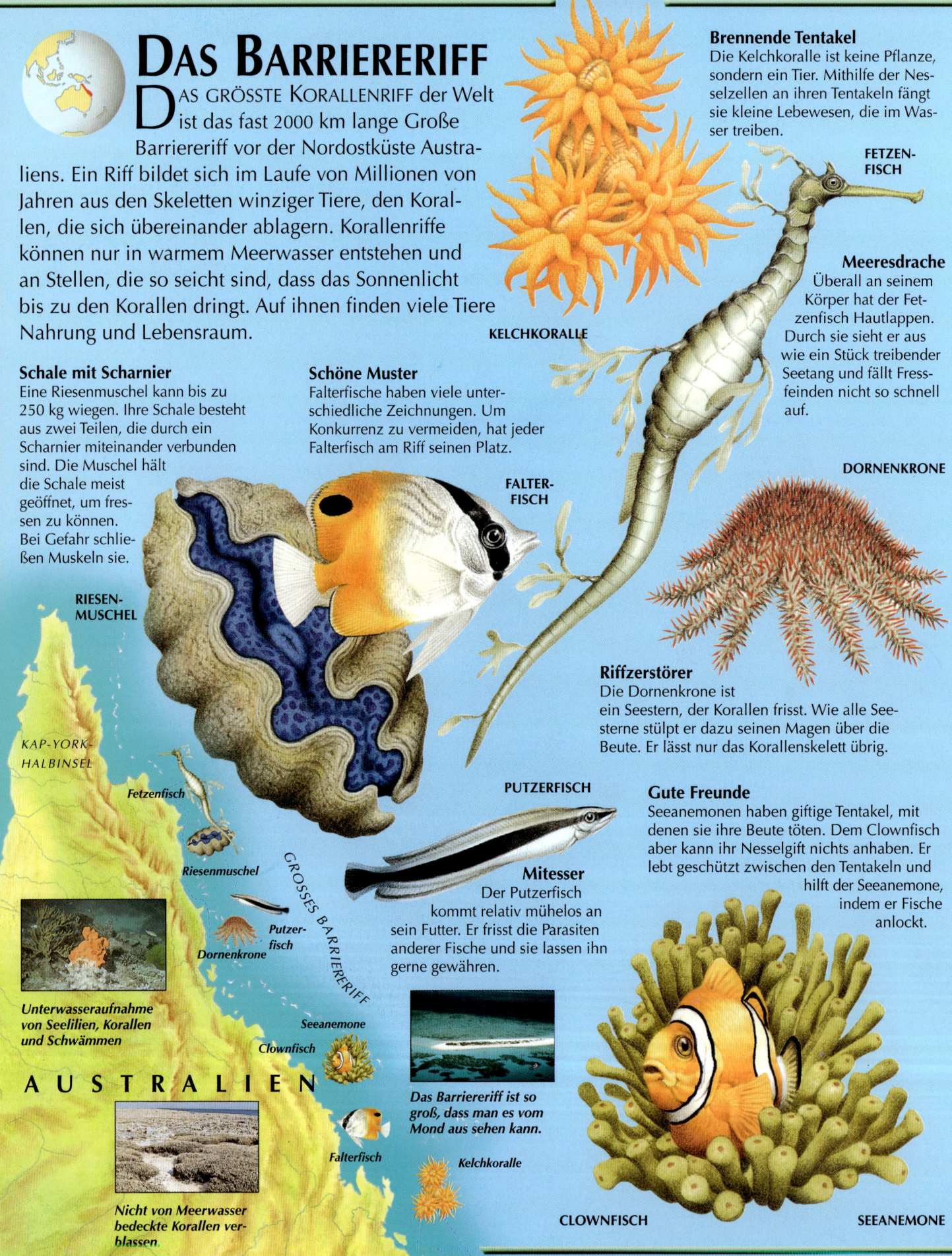

DAS GRÖSSTE KORALLENRIFF der Welt ist das fast 2000 km lange Große Barriereriff vor der Nordostküste Australiens. Ein Riff bildet sich im Laufe von Millionen von Jahren aus den Skeletten winziger Tiere, den Korallen, die sich übereinander ablagern. Korallenriffe können nur in warmem Meerwasser entstehen und an Stellen, die so seicht sind, dass das Sonnenlicht bis zu den Korallen dringt. Auf ihnen finden viele Tiere Nahrung und Lebensraum.

Brennende Tentakel
Die Kelchkoralle ist keine Pflanze, sondern ein Tier. Mithilfe der Nesselzellen an ihren Tentakeln fängt sie kleine Lebewesen, die im Wasser treiben.

FETZEN-FISCH

KELCHKORALLE

Meeresdrache
Überall an seinem Körper hat der Fetzenfisch Hautlappen. Durch sie sieht er aus wie ein Stück treibender Seetang und fällt Fressfeinden nicht so schnell auf.

Schale mit Scharnier
Eine Riesenmuschel kann bis zu 250 kg wiegen. Ihre Schale besteht aus zwei Teilen, die durch ein Scharnier miteinander verbunden sind. Die Muschel hält die Schale meist geöffnet, um fressen zu können. Bei Gefahr schließen Muskeln sie.

Schöne Muster
Falterfische haben viele unterschiedliche Zeichnungen. Um Konkurrenz zu vermeiden, hat jeder Falterfisch am Riff seinen Platz.

FALTER-FISCH

DORNENKRONE

RIESEN-MUSCHEL

Riffzerstörer
Die Dornenkrone ist ein Seestern, der Korallen frisst. Wie alle Seesterne stülpt er dazu seinen Magen über die Beute. Er lässt nur das Korallenskelett übrig.

KAP-YORK-HALBINSEL

Fetzenfisch

PUTZERFISCH

Gute Freunde
Seeanemonen haben giftige Tentakel, mit denen sie ihre Beute töten. Dem Clownfisch aber kann ihr Nesselgift nichts anhaben. Er lebt geschützt zwischen den Tentakeln und hilft der Seeanemone, indem er Fische anlockt.

Riesenmuschel

GROSSES BARRIEREREIFF

Dornenkrone

Putzer-fisch

Mitesser
Der Putzerfisch kommt relativ mühelos an sein Futter. Er frisst die Parasiten anderer Fische und sie lassen ihn gerne gewähren.

Unterwasseraufnahme von Seelilien, Korallen und Schwämmen

Seeanemone

Clownfisch

A U S T R A L I E N

Das Barriereriff ist so groß, dass man es vom Mond aus sehen kann.

Falterfisch

Kelchkoralle

Nicht von Meerwasser bedeckte Korallen verblassen.

CLOWNFISCH

SEEANEMONE

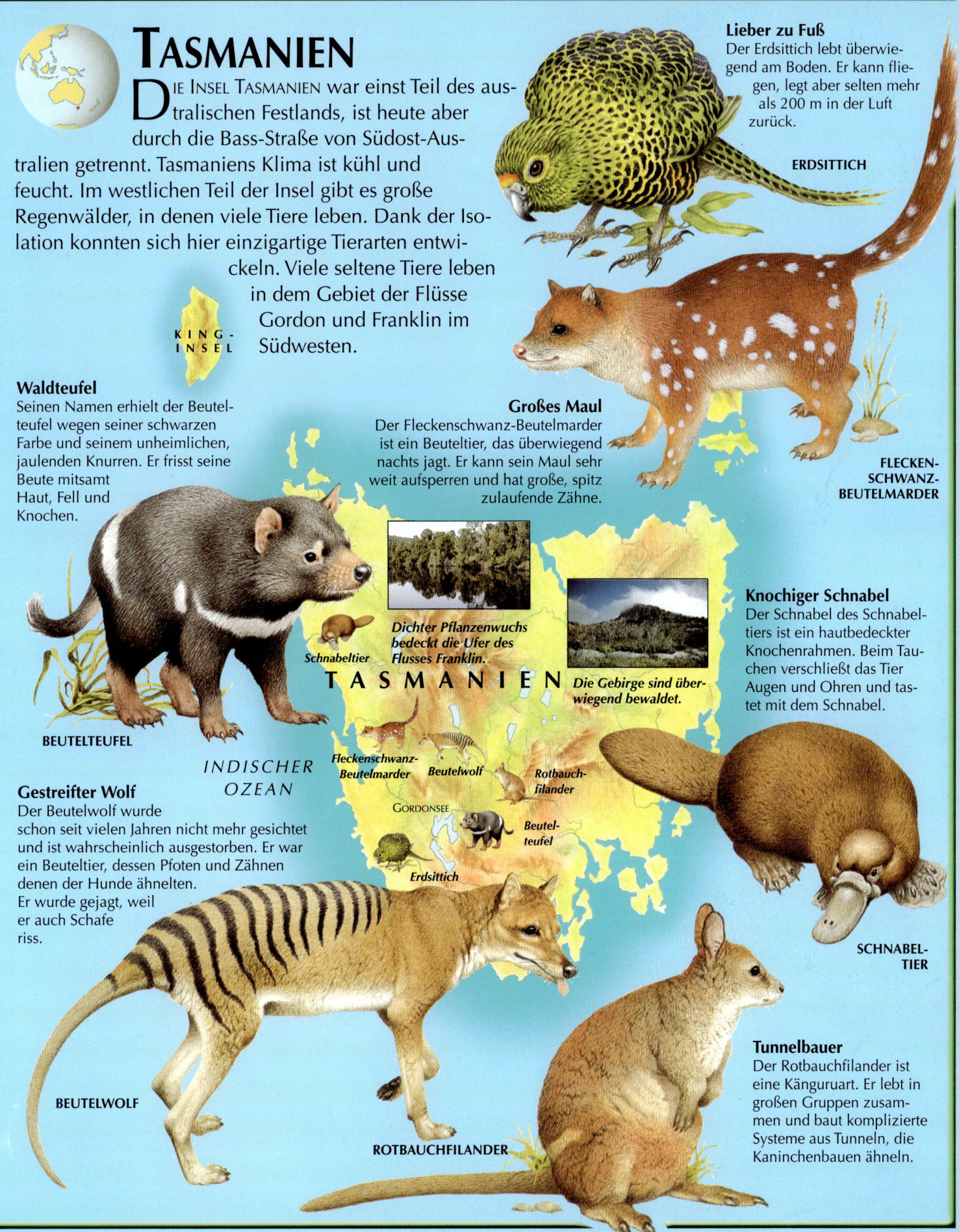

TASMANIEN

Die Insel Tasmanien war einst Teil des australischen Festlands, ist heute aber durch die Bass-Straße von Südost-Australien getrennt. Tasmaniens Klima ist kühl und feucht. Im westlichen Teil der Insel gibt es große Regenwälder, in denen viele Tiere leben. Dank der Isolation konnten sich hier einzigartige Tierarten entwickeln. Viele seltene Tiere leben in dem Gebiet der Flüsse Gordon und Franklin im Südwesten.

KING-INSEL

Lieber zu Fuß
Der Erdsittich lebt überwiegend am Boden. Er kann fliegen, legt aber selten mehr als 200 m in der Luft zurück.

ERDSITTICH

FLECKEN-SCHWANZ-BEUTELMARDER

Waldteufel
Seinen Namen erhielt der Beutelteufel wegen seiner schwarzen Farbe und seinem unheimlichen, jaulenden Knurren. Er frisst seine Beute mitsamt Haut, Fell und Knochen.

Großes Maul
Der Fleckenschwanz-Beutelmarder ist ein Beuteltier, das überwiegend nachts jagt. Er kann sein Maul sehr weit aufsperren und hat große, spitz zulaufende Zähne.

Dichter Pflanzenwuchs bedeckt die Ufer des Flusses Franklin.

Schnabeltier

TASMANIEN

Die Gebirge sind überwiegend bewaldet.

Knochiger Schnabel
Der Schnabel des Schnabeltiers ist ein hautbedeckter Knochenrahmen. Beim Tauchen verschließt das Tier Augen und Ohren und tastet mit dem Schnabel.

BEUTELTEUFEL

Gestreifter Wolf
Der Beutelwolf wurde schon seit vielen Jahren nicht mehr gesichtet und ist wahrscheinlich ausgestorben. Er war ein Beuteltier, dessen Pfoten und Zähnen denen der Hunde ähnelten. Er wurde gejagt, weil er auch Schafe riss.

INDISCHER OZEAN

Fleckenschwanz-Beutelmarder

Beutelwolf

Rotbauch-filander

GORDONSEE

Beutel-teufel

Erdsittich

SCHNABEL-TIER

BEUTELWOLF

Tunnelbauer
Der Rotbauchfilander ist eine Känguruart. Er lebt in großen Gruppen zusammen und baut komplizierte Systeme aus Tunnel, die Kaninchenbauen ähneln.

ROTBAUCHFILANDER

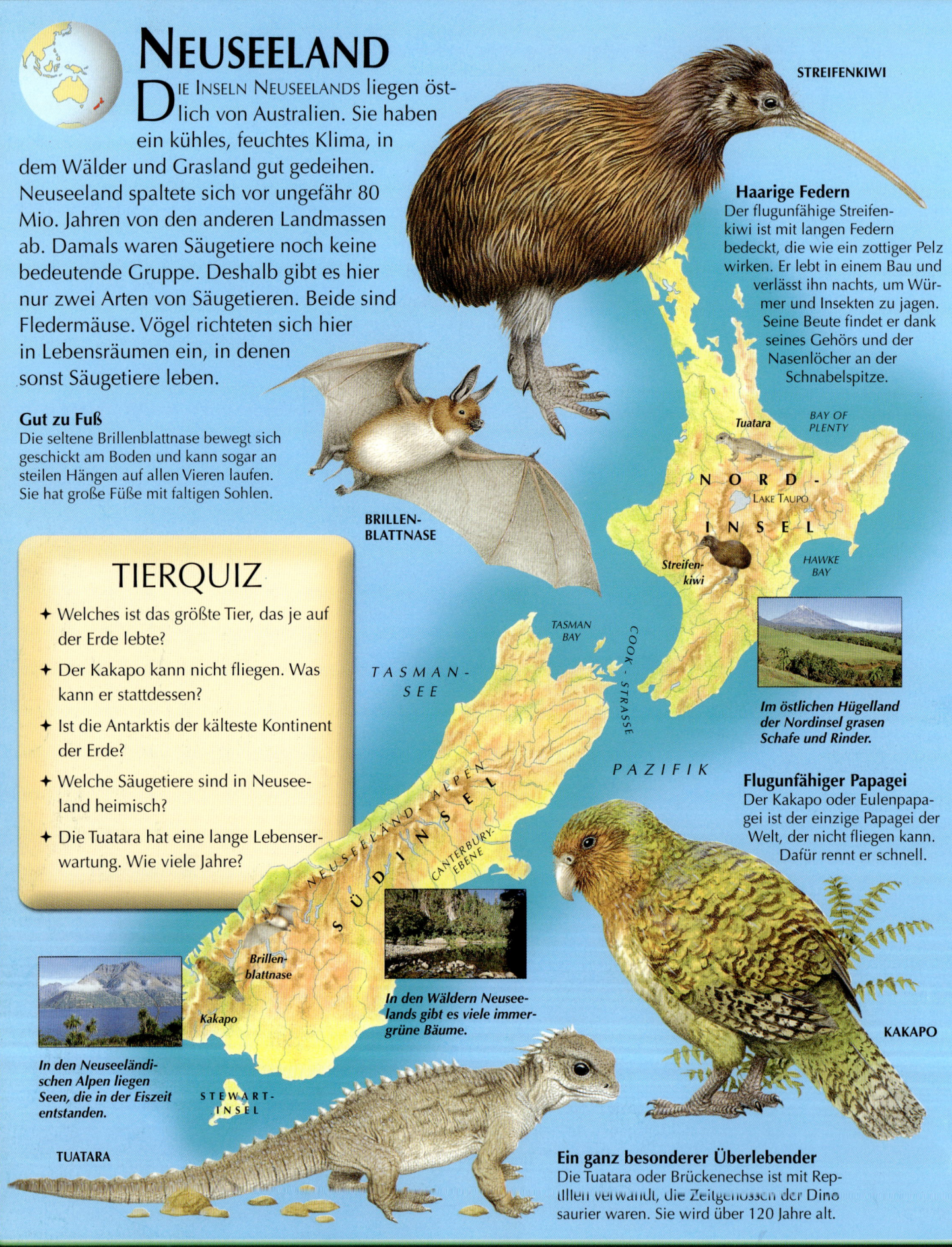

NEUSEELAND

DIE INSELN NEUSEELANDS liegen öst-lich von Australien. Sie haben ein kühles, feuchtes Klima, in dem Wälder und Grasland gut gedeihen. Neuseeland spaltete sich vor ungefähr 80 Mio. Jahren von den anderen Landmassen ab. Damals waren Säugetiere noch keine bedeutende Gruppe. Deshalb gibt es hier nur zwei Arten von Säugetieren. Beide sind Fledermäuse. Vögel richteten sich hier in Lebensräumen ein, in denen sonst Säugetiere leben.

STREIFENKIWI

Haarige Federn
Der flugunfähige Streifen-kiwi ist mit langen Federn bedeckt, die wie ein zottiger Pelz wirken. Er lebt in einem Bau und verlässt ihn nachts, um Wür-mer und Insekten zu jagen. Seine Beute findet er dank seines Gehörs und der Nasenlöcher an der Schnabelspitze.

Gut zu Fuß
Die seltene Brillenblattnase bewegt sich geschickt am Boden und kann sogar an steilen Hängen auf allen Vieren laufen. Sie hat große Füße mit faltigen Sohlen.

BRILLEN-BLATTNASE

TIERQUIZ
+ Welches ist das größte Tier, das je auf der Erde lebte?
+ Der Kakapo kann nicht fliegen. Was kann er stattdessen?
+ Ist die Antarktis der kälteste Kontinent der Erde?
+ Welche Säugetiere sind in Neusee-land heimisch?
+ Die Tuatara hat eine lange Lebenser-wartung. Wie viele Jahre?

Tuatara

BAY OF PLENTY

N O R D - I N S E L

Lake Taupo

Streifen-kiwi

HAWKE BAY

Im östlichen Hügelland der Nordinsel grasen Schafe und Rinder.

TASMAN BAY

T A S M A N - S E E

C O O K - S T R A S S E

P A Z I F I K

Flugunfähiger Papagei
Der Kakapo oder Eulenpapa-gei ist der einzige Papagei der Welt, der nicht fliegen kann. Dafür rennt er schnell.

N E U S E E L Ä N D - A L P E N

S Ü D - I N S E L

CANTERBURY-EBENE

Brillen-blattnase

Kakapo

In den Neuseeländi-schen Alpen liegen Seen, die in der Eiszeit entstanden.

In den Wäldern Neusee-lands gibt es viele immer-grüne Bäume.

KAKAPO

STEWART-INSEL

TUATARA

Ein ganz besonderer Überlebender
Die Tuatara oder Brückenechse ist mit Rep-tilien verwandt, die Zeitgenossen der Dino-saurier waren. Sie wird über 120 Jahre alt.

DIE ANTARKTIS

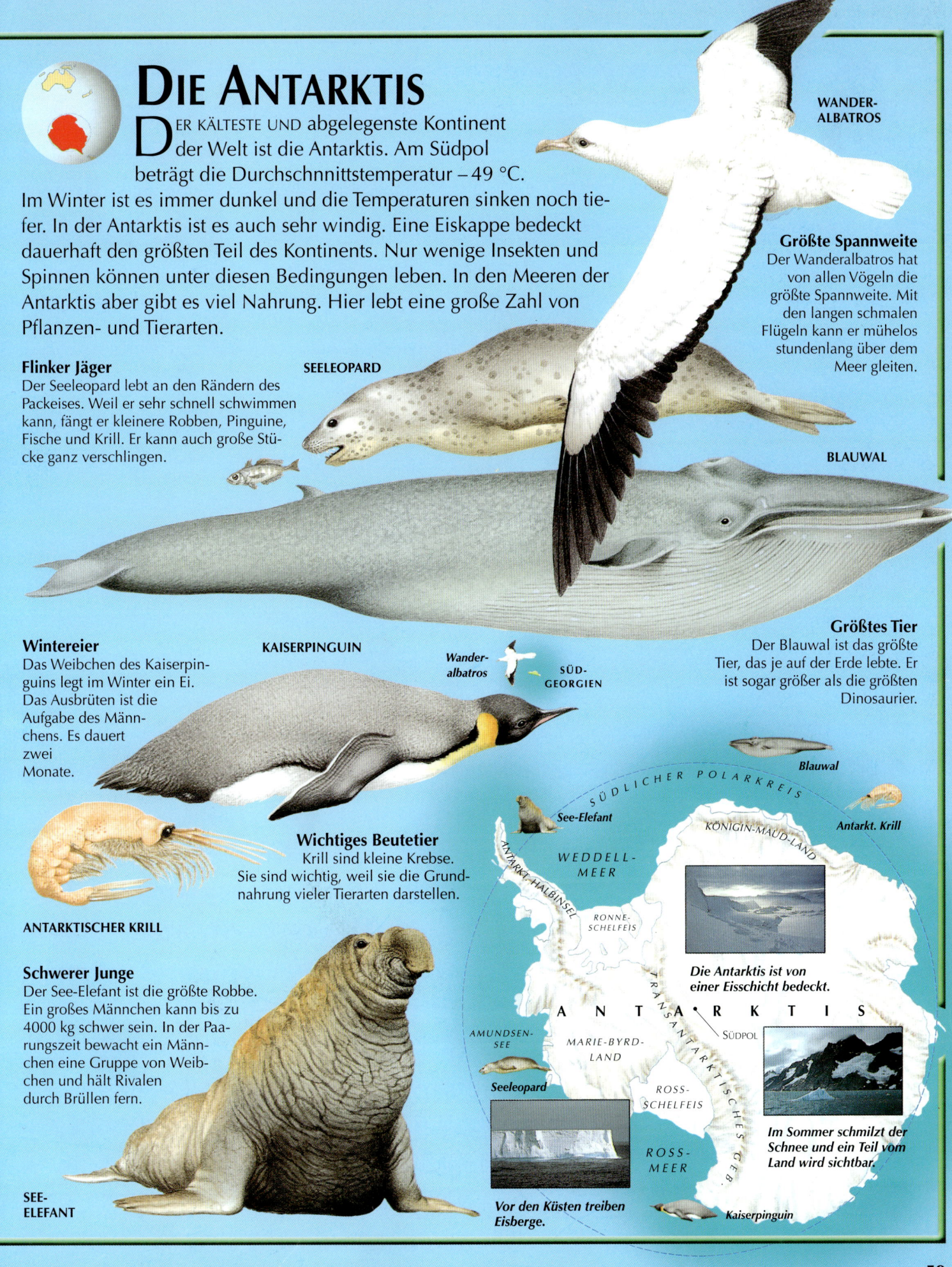

DER KÄLTESTE UND abgelegenste Kontinent der Welt ist die Antarktis. Am Südpol beträgt die Durchschnittstemperatur −49 °C. Im Winter ist es immer dunkel und die Temperaturen sinken noch tiefer. In der Antarktis ist es auch sehr windig. Eine Eiskappe bedeckt dauerhaft den größten Teil des Kontinents. Nur wenige Insekten und Spinnen können unter diesen Bedingungen leben. In den Meeren der Antarktis aber gibt es viel Nahrung. Hier lebt eine große Zahl von Pflanzen- und Tierarten.

WANDER-ALBATROS

Größte Spannweite
Der Wanderalbatros hat von allen Vögeln die größte Spannweite. Mit den langen schmalen Flügeln kann er mühelos stundenlang über dem Meer gleiten.

Flinker Jäger
Der Seeleopard lebt an den Rändern des Packeises. Weil er sehr schnell schwimmen kann, fängt er kleinere Robben, Pinguine, Fische und Krill. Er kann auch große Stücke ganz verschlingen.

SEELEOPARD

BLAUWAL

Größtes Tier
Der Blauwal ist das größte Tier, das je auf der Erde lebte. Er ist sogar größer als die größten Dinosaurier.

Wintereier
Das Weibchen des Kaiserpinguins legt im Winter ein Ei. Das Ausbrüten ist die Aufgabe des Männchens. Es dauert zwei Monate.

KAISERPINGUIN

Wanderalbatros

SÜD-GEORGIEN

Wichtiges Beutetier
Krill sind kleine Krebse. Sie sind wichtig, weil sie die Grundnahrung vieler Tierarten darstellen.

ANTARKTISCHER KRILL

Schwerer Junge
Der See-Elefant ist die größte Robbe. Ein großes Männchen kann bis zu 4000 kg schwer sein. In der Paarungszeit bewacht ein Männchen eine Gruppe von Weibchen und hält Rivalen durch Brüllen fern.

SEE-ELEFANT

Blauwal

SÜDLICHER POLARKREIS

See-Elefant

KÖNIGIN-MAUD-LAND

Antarkt. Krill

ANTARKT. HALBINSEL

WEDDELL-MEER

RONNE-SCHELFEIS

TRANSANTARKTISCHES GEB.

Die Antarktis ist von einer Eisschicht bedeckt.

A N T A R K T I S

SÜDPOL

AMUNDSEN-SEE

MARIE-BYRD-LAND

ROSS-SCHELFEIS

Seeleopard

ROSS-MEER

Im Sommer schmilzt der Schnee und ein Teil vom Land wird sichtbar.

Vor den Küsten treiben Eisberge.

Kaiserpinguin

REKORDTIERE

Größter Vogel
Der afrikanische Strauß ist der größte Vogel der Welt.

Längste Flügel
Der Wanderalbatros hat von allen heute lebenden Vögeln die größte Spannweite.

Größtes Tier
Der Blauwal ist der größte Meeressäuger und das größte Tier, das je auf der Erde lebte.

Langer Schwanz
Die Schwanzfedern des männlichen südamerikanischen Quetzal sind doppelt so lang wie sein Körper.

Flatterriese
Der Königin-Alexandra-Vogelfalter ist der größte und schwerste Schmetterling der Welt.

Größtes Landtier
Der Afrikanische Elefant ist das größte lebende Landtier.

Himmelhoch
Von der Zehen- zur Hörnerspitze kann eine Giraffe 5,5 m hoch sein.

Kleinster Vogel
Die Bienenelfe ist der kleinste Vogel der Welt.

Schwerstes Insekt
Der Goliathkäfer ist das schwerste lebende Insekt.

Kleinstes Säugetier
Die seltene thailändische Schweineschnauzen-Fledermaus ist das kleinste Säugetier.

Schnellster Flieger
Aus eigener Kraft das schnellste aller Lebewesen: Wanderfalken erreichen im Flug mindestens 180 km/h.

Schnellster Läufer
Auf kurzen Strecken erreicht der Gepard 100 km/h.

Sprungchampion
Ein Floh kann 19 cm hoch springen – das 130-fache seiner Körperhöhe.

Große Häuser
Die Bauten einiger afrikanischer Termitenarten sind über 8 m hoch.

Einer der Langsamsten
Das Dreifingerfaultier bewegt sich am Boden äußerst langsam fort: Es legt nur 2 m in der Minute zurück.

Eierrekord
Mondfischweibchen legen von allen Fischen die meisten Eier. In einem Weibchen fand man 300 Millionen Eier.

Wildester Fisch
Die Piranhas (oder Pirayas) Südamerikas sind die gefährlichsten Süßwasserfische.

Lange Zunge
Herausgestreckt ist die Zunge des Chamäleons beinahe doppelt so lang wie sein Körper.

Ehe-Kannibalismus
Die weibliche Schwarze Witwe frisst oft das Männchen nach der Paarung auf.

Maulbrüter
So lange die Jungen des dieser Buntbarsch-Art sehr klein sind, nimmt die Mutter sie ins Maul, um sie zu beschützen.

Kluge Vögel
Papageien können die menschliche Sprach nachahmen und lernen, Farben, Formen und Zahlen wieder zu erkennen.

Großes Maul
Die afrikanische Eierschlange frisst Eier, die doppelt so groß wie ihr Kopf sind.

Langes Leben
Die neuseeländische Tuatara wird 120 Jahre und älter. Die Jungen schlüpfen erst nach 15 Monaten aus den Eiern.

Längste Wanderung
Die Küstenseeschwalbe fliegt jedes Jahr von der Arktis zur Antarktis und zurück. Die Gesamtstrecke ihres „Rundflugs" ist 26000 km lang.

Duftspray
Das nordamerikanische Stinktier besprüht Angreifer mit einer übel riechenden Flüssigkeit.

Seltener Säuger
Der Beutelwolf gilt als ausgestorben. Das letzte lebende Exemplar wurde um 1930 gesichtet.

Kurzes Leben
Die erwachsene Eintagsfliege lebt nur wenige Tage. In dieser Zeit sucht sie einen Partner.

Tödliches Gift
Die Königskobra aus Südostasien ist die längste Giftschlange der Welt.

Lautestes Tier
Rote Brüllaffen zählen zu den lautesten Tieren. Ihre Rufe sind noch in 3 km Entfernung zu hören.

Eier legendes Säugetier
Das australische Schnabeltier ist ein Säuger, der Eier legt.

TIERE IN GEFAHR

Eine Welt ohne Elefanten, Nashörner und Große Pandas können wir uns kaum vorstellen. Es wäre furchtbar, wenn diese Tiere für immer verschwinden würden. Tiere machen unsere Welt schöner und interessanter. Sie ernähren uns, liefern uns Grundstoffe für Medikamente, helfen uns, Nutzpflanzen anzubauen und Lasten zu tragen. Seit vor etwa 3500 Mio. Jahren das Leben auf der Erde begann, entwickelten sich auf unserem Planeten 500 Mio. Arten von Pflanzen und Tieren. Im Laufe der Jahrmillionen starben einige von ihnen aufgrund von Veränderungen ihrer Umwelt aus. Andere überlebten, weil sie besser an die herrschenden Bedingungen angepasst waren. Diesen Vorgang bezeichnet man als Evolution. Heute sterben Arten viel rascher aus, weil sie von Menschen gejagt werden oder weil der Mensch ihren Lebensraum zerstört. Dabei gerät der Haushalt der Natur aus dem Gleichgewicht. Einige der am stärksten vom Aussterben bedrohten Arten sind in dieser Karte eingezeichnet. Es gibt viele Möglichkeiten, den Schutz dieser Arten zu unterstützen. Einige Anregungen gibt der Kasten auf der rechten Seite.

Schreikranich
Vielfraß
Europ. Fischotter
Wanderfalke
Gabelbock
Pardelluchs
NORD-
AMERIKA
Amerikanischer Bison
Mendes-Antilope
Kalifornischer Kondor
Manati
Gila-Krustenechse
Kuba-Schlitzrüssler
Ozelot
Blauer Morphofalter
Riesenotter
Riesenschildkröte
SÜD-AMERIKA
Goldgelbes Löwenäffchen
Großer Ameisenbär
Pampashirsch

Zerstörung des Lebensraums

Die stärkste Bedrohung gefährdeter Arten stellt die Zerstörung ihres Lebensraums dar. Jede Tierart ist an eine bestimmte Umwelt angepasst und kann, wenn diese zerstört ist, nicht einfach irgendwo anders hingehen. Menschen holzten z. B. Wälder ab, um das Holz zu verwerten oder weil sie Felder, Straßen, Städte oder Bergwerke anlegen wollten. Dadurch gerieten Arten in Gefahr, die in diesen Wäldern lebten – wie der Pardelluchs oder der Gorilla. Sobald die Bäume entfernt worden sind, kann der Boden vom Regen fortgespült oder vom Wind fortgeweht werden, sodass diese Fläche weder von Menschen noch von Tieren genutzt werden kann.

PARDELLUCHS

BLAUER MORPHOFALTER

Jagen und Sammeln

Viele Tiere werden zum Vergnügen gejagt oder weil Teile ihres Körpers als wertvoll gelten. Tiere mit einem schönen Fell wie Geparden und Ozelots werden getötet, weil man aus ihrer Haut Mäntel, Schuhe oder Taschen herstellt. Inzwischen dürfen viele dieser Arten nicht mehr gejagt werden, doch solange Nachfrage besteht wird es Wilderer geben. Andere Tiere werden wegen eines bestimmten Körperteils getötet, z. B. wegen ihres Horns oder ihrer Stoßzähne, und ihr Kadaver verrottet ungenutzt. Wieder andere wilde Tiere werden für Sammlungen oder für die Forschung gefangen oder als Haustiere verkauft. Auch Sammler von Schmetterlingen oder Vogeleiern gefährden Arten wie den Blauen Morphofalter.

In Zentralafrika gibt es vermutlich nur noch 300 wilde Berggorillas. Sie sind v. a. durch die Zerstörung ihres Lebensraums bedroht.

Jede Minute wird eine große Fläche Regenwald zerstört. Wenn es so weitergeht, sind alle Regenwälder in 50 Jahren verschwunden.

Ozelots sind heute sehr selten. Die Ratten, von denen sie leben, vermehren sich stark und verbreiten Krankheiten.

Pelzmäntel sind unnötiger Luxus. Wir können gut ohne sie leben. Auch Webpelzmäntel halten warm und sehen schick aus.

Fischadler

Wolf

A S I E N

E U R O P A

Mittelmeer-
Mönchsrobbe

Trampeltier

Sibirischer Tiger

P A Z I F I K

Onager

Schnee-
leopard

Großer
Panda

Arab. Oryx-Antilope

Schabracken-
tapir

Nasenaffe

A F R I K A

Gorilla

Spitzmaul-
nashorn

Aye-Aye

Orang-Utan

Afrikan. Elefant

A U S T R A L I E N

Gepard

Numbat

I N D I -
S C H E R
O Z E A N

Brillenblatt-
nase

Beutelwolf

Kakapo

SPITZMAUL-
NASHORN

WIE KÖNNEN WIR HELFEN?

• Wir sollten nichts kaufen, was aus Körperteilen seltener Tiere hergestellt ist – wie z. B. Pelzmäntel.

• Wir sollten uns für die Schaffung von Naturschutzgebieten und gegen Tierversuche einsetzen.

• Gefährdete Arten sollten in Zoos oder Wildparks gezüchtet werden. Dies ist besonders wichtig, wenn der Lebensraum dieser Arten nicht vor der Zerstörung bewahrt werden kann. Wenn der Lebensraum einer Art erhalten geblieben ist, kann man die Tiere später freilassen.

• Die Bejagung seltener Arten muss verboten werden.

• Durch verbesserten Umweltschutz werden auch viele Tierarten geschützt.

• Jeder sollte bei Wanderungen auf den Wegen bleiben, nichts wegwerfen und es vermeiden, Tiere zu stören.

• Man sollte keine Tiere kaufen, die für den Verkauf gefangen werden.

• Man sollte sich gegen den Einsatz von wild lebenden Tieren wie Schimpansen bei medizinischen Versuchen einsetzen.

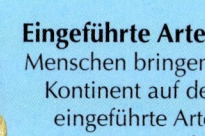

Eingeführte Arten

Menschen bringen Tiere von einem Kontinent auf den anderen. Manche eingeführte Arten können in der neuen Umwelt nicht überleben. Andere fühlen sich sehr wohl und vermehren sich rasch, stören aber die in diesem Gebiet heimischen Arten. Die auf den Galápagos Inseln eingeführten Ziegen z.B. wurden zu Futterkonkurrenten der Riesenschildkröten und Echsen der Art Galápagos-Drusenkopf, während eingeführte Ratten und Wildkatzen junge Schildkröten, Jungvögel und Eier fressen. Manchmal führt man in ein Land neue Arten ein, um ein Problem zu lösen, und hat bald ein neues Problem.

**RIESENSCHILD-
KRÖTE**

Umweltverschmutzung

Landwirte setzen Chemikalien ein, um ihre Ernten zu verbessern und um Schädlinge und Krankheiten zu bekämpfen. Diese Chemikalien dringen aber auch in den Boden und ins Grundwasser und können wild lebende Tiere vergiften. Giftige Stoffe aus Fabriken und Kläranlagen werden immer mal wieder in Flüsse oder ins Meer abgeleitet. Auch saurer Regen ist eine Folge der Umweltverschmutzung. Sauer ist der Regen deshalb, weil er Giftstoffe aus Abgasen von Autos, Kohlekraftwerken und Fabriken enthält. Regenwasser fließt in Gewässer - wenn es sauer ist, sammelt sich in den Gewässern viel Säure an und Fische sterben. Auch in den Körpern von Vögeln, die Fische fressen, sammelt sich Säure an. Die Schalen ihrer Eier sind dann dünn und ihre Jungen sind missgebildet. Saurer Regen zerstört auch Wälder und damit Lebensräume.

**FISCH-
ADLER**

Durch die Einführung großer Herden von Weidetieren veränderte sich die Landschaft der südamerikanischen Pampa.

Früher grasten in der Pampa viele Hirsche, doch deren Bestand ging durch die Nahrungskonkurrenz mit den Rindern zurück.

Ins Meer geflossenes Erdöl verklebt das Gefieder der Seevögel. Sie können dann nicht mehr nach Futter tauchen und kühlen aus.

Viele im Mittelmeer lebende Tiere wie diese seltene Mittelmeer-Mönchsrobbe leiden unter der Umweltverschmutzung.

REGISTER

DANK

Lektoratsassistenz Shaila Awan

Register Lynn Bresler
Bildrecherche Cynthia Hole
Karten Aziz Khan

Bildnachweis
o = oben, u = unten, m = Mitte, l = links, r = rechts
Bryan and Cherry Alexander Photographers: 9o; 9ul; 9ur; 59o
Heather Angel: 7m; 51m
Ardea: 49mr

J.Allan Cash Photolibrary: 5ur; 5ul; 5mr; 6or; 6om; 23o; 33ol; 46l; 49ul; 51o; 54o; 62l
Bruce Coleman Ltd: 16; 37ul; 41u; 47
Richard Czapnik: 34ur
Dorling Kindersley/Dave King: 5or
Chris Fairclough Colour Library: 10o; 11; 13m; 13r; 15; 18; 30; 31ol; 31ur; 32; 34ol; 35; 39o; 39m; 39u; 52o; 52u; 53; 54m; 54u; 57ol; 58ul; 58m; 58or; 59mr
Geoscience Features Picture Library: 5ml; 20ul; 29ur; 46r
Robert Harding Picture Library: 5ol; 7ml; 7o; 7mr; 7ul; 37o; 41o; 45o; 45ul; 51u
Hutchison Library: 13l; 15ol; 17; 27ul; 37ur; 45mr; 49o

Image Bank: 6ol; 7ur; 15u; 17u; 19o; 19u; 29o; 29ml; 33ur; 56mr; 59ul
Peter Johnson/NHPA: 41m
John Massey Stewart: 42r
Tony Morrison/South American Pictures: 6u; 23u; 23m; 27o
Papilio: 20m; 20or; 24; 25l; 25r
Photographers Library: 57ur
Power Pix: 56ol; 56ul
Rex Features: 62r
Travel Photo International: 10u; 27ur; 42l; 63l
Rose Winall/ICCE: 63r Dorling Kindersley